禅的体验
禅的开示。

圣严法师———

著

自序

    我不是禅师，也没有准备做禅师，只是由于因缘的牵引，在一九七五年底到了美国之后，除了讲说之外，有人希望我能教授一些修持的方法。在国内，所谓修行，大致不出乎持戒、持斋、持咒、念佛、读诵经典及礼忏拜佛等，以求功德、求感应、求生西方为主旨。但在美国则多要求获得亲身体验的实际利益，所以不是日本的禅，便是西藏的密，很少有人热心于持戒及念佛。我本身于中国大陆的禅寺出家，却以出生太晚，离开大陆之时，尚未具有住进名刹禅堂的资格；虽然直到我闭关六年出山为止，经常以打坐为日课，真正禅堂的生活规范，宴默与棒喝等的体验，是在到日本留学之后。因此有人以为我所教授的是日本禅。

    其实，我在美国所教，虽然名之为禅，既不是晚近中国禅林的模式，也不是现代日本禅宗的模式，我只是透过自己的经验，将释迦世尊以来的诸种锻炼身心的方法，加以层次化及合理化，使得有心学习的人，不论性别、年龄、教育程度，以及资禀的厚薄，均能获得利益。经过四年的教学经验，我这一套综合性的修行方法，不但对于美国人有用，对中国人也一样有用。可见人无分东西，法无分顿渐，根器无分利钝，但看教的人和学的人是否用心而定。所以我在纽约自创禅中心，在台湾北投的祖庭——文化馆，也不断地举办禅七。

我在国外教授佛教的修行方法，不能说是中国的禅，也不能说没有中国禅的成分在内，基于调身、调息、调心的三原则，有用大、小乘共通的各种观行法，有用内、外道通用的呼吸法，也用印度及中国的各种柔软健身法。对于调心得力的人，便用中国禅宗参话头的方法，以打破疑团，开佛知见。所以无论何人，只要真的有心学习，最高可以进入"无"的境界，其次可以得定，再次可得身心轻安，至少也能学会一套非常实用的健身方法。

但是，在此小册之前，我仅写过〈坐禅的功能〉及〈从小我到无我〉的两篇文章，做为教授修行方法的辅助教材。本书则为将我授课的内容，做一个纲要性的介绍，读者可从本书中明了佛教修行禅定方法的一个大概，至于进一步的修证工夫，当然不在文字，而在求得明师的指授之下的切实用功。

一九八○年八月三十日于台北市北投中华佛教文化馆

目录

第一篇
/

禅的体验

不可思议的禅

　　很多人来向我学禅之前，总要问我好多问题。他们的理由是，在未上楼之前，先想知道楼上有些什么东西，是不是值得他们登楼看看，楼上的景物是不是能够引起他们的兴趣。我则告诉他们，禅的内容，应该拿一个从未吃过芒果与曾经吃过芒果的人做比喻。你如未吃过芒果，无论怎样将芒果的形状、颜色与肉质风味向你形容和说明，真正芒果的味道，你还是不知道，一定要你亲自尝到之后才能知道。另有一个盲人问色的故事，说有一个生来就是双眼失明的人，很想知道洁白的白色是怎样的情形，有人告诉他说像白布和白纸一样地白，又有人告诉他说像白鹅、白鸽一样地白，又有人告诉他说像白雪、白粉一样地白。结果把这个盲人弄糊涂了，他想洁白的白色应该是很单纯的，为什么大家把它说成那么复杂的东西呢？原因是他从没有见过白色，所以任你怎么说，他还是不知道。那么对于尚未进入禅门的人而言，禅也是不可以语言文字说明的东西，你也别寄望靠着语言文字的说明来了解它。可是语言文字虽不能说明禅的内容，却能引导或指示你如何地去亲自体验它，所以语言文字还是用得着的。故在一部叫作《碧岩录》的书里，记载禅宗一位祖师马祖道一的话说："因为说的人没有什么可说的，也不能给你看什么，所以听的人不可能听到什么，也不可能得到什么。那么，说的人既不能说出什么也不能显示什么，倒不如不说的好。听的人既然不可能听到什么，也不能得到什么，倒不如不听的好。可是现在你们这儿有许多人正在等着听我演说，其实，说与不说，都是一样的。请问你们之中已经开了悟的人：我说的究竟是什么？"

像这样的开示，是标准的禅师的态度，因为他们实在无法用语文来告诉你禅是什么东西，所以称为不可思议。正所谓："如人饮水，冷暖自知。"必须要你自己体验，才能知道禅是什么。当然，我也不能用语文来满足听众和读者的期望。不过，我将在下篇文章中，告诉你有关禅的源流、方法、层次和体验的现象。

禅的源流

一、古印度的禅

中国的禅与印度的禅有很大的差别，但是"禅"字语源来自印度的 dhyāna，意为 meditation，那是以修定为目标的一种方法，其原意，是用修行禅观，比如注意呼吸的出入、长短、大小和引导等方法，达到心力集中和身体内外统一的境地。

在佛教之前，印度人已经有了用来做为人与神交通或相融相契的修行方法。印度的古宗教和由古宗教产生的各派哲学思想，便是经由禅的修持方法而得到的成果。禅的修行生活，被视为圣者所必经的过程。所以凡要切身体验宗教生活，仅靠奉献和祭祀是不够的。一定要以全部生命过程中的某一个阶段，做为到森林里去全心修行禅的方法。解脱物欲尘累的烦恼，须靠禅的修行以产生智慧，一旦物欲尘累的烦恼豁然脱落之际，智慧自然显现，即被尊为圣者。

古代印度的各派宗教，虽无不用禅的修行方法，似乎并没有统一的层次说明，即使各派均有其修行禅定的历程，但仍不是统一的，也不甚明确。只是依照各派创始人的个别体验之不同，而所设的分界也不一致。到了佛教的始祖释迦牟尼佛的时代，其初期的修行生活，也是走着与印度古宗教家们所曾走过的路相似。由于当时各派的修行方法，不能满足释迦世尊的要求，认为那些都是不究竟的、不圆满的，那些禅定的功用，最多使人暂时超越烦恼，但当定力一失，仍会回复到物欲世间的烦恼之中，所以称之为世间禅或外道禅。

二、瑜伽派的禅

大约与释迦牟尼佛相近的时代，印度产生了一个新宗教，称为瑜伽派，此派最初即是仅仅练习名为瑜伽的修行方法，后来引用了与数论派（The Sāṃkhya School）相同的哲学思想，立足于一神教的立场，崇拜

唯一的神库力新那（Krishna），但其实际方面的基本
精神仍在于禅定的修行，所以此派乃为印度一切宗教之
中，除了佛教之外，外道禅定思想的集大成者。其修
行的规则和层次相当严密分明，现在根据《瑜伽经》
（*Yoga Sūtra*）略予介绍如下：

（一）瑜伽行者的助行道

1. 持戒——不杀生、不妄语、不偷盗、不邪淫、
不贪。

2. 助行法——清净、知足、苦行、读诵《瑜伽
经》、皈依唯一的神。

3. 静坐法——跏趺坐、半跏趺坐、两足跟合置会阴
处坐等。

4. 调息法——调整呼吸，由粗而细，由静而止。

5. 制服五根法——制服眼等五种官能，不受色等感
触所动。

6. 制心法——将注意力分别集中于脐轮、心莲、鼻
端、舌端等处。

7. 禅定——心住于一境，没有其余虚妄杂念。

8. 三昧（samādhi）——心境合一，心不住念，亦

不住境。

（二）瑜伽行者的正行道——正知见

1. 知苦恼可除，尽无所余。

2. 断苦恼的原因，灭无所遗。

3. 住于三昧，明见得解脱。

4. 能知解脱方法是正知见。

5. 自性的真理已了解其任务。

6. 三德皆脱落，如石自山上落下，不复再回到山上。

7. 神我的真理，离三德的缠缚而自由独存，无垢清净。所谓三德是指：（1）萨埵（Sattva），使心地光明、轻快、欢喜。（2）罗阇（Rajas），使心活动、散乱、悲哀。（3）答摩（Tamas），使心钝重、无力、昏黑。

所以心的由染而净要经五个层次：第一，散乱心，随着外境心念纷飞。第二，昏沉心，痴钝朦胧，陷于昏睡。第三，不定心，散乱多于安定。第四，一心，心能凝住于一境。第五，定心，心状澄静。后二者便是修行瑜伽所得的现象。

瑜伽行者当对乐者亲切，对苦者怜悯，对善人殷勤，对恶人不介意。如是则心便常与清净相应了。

瑜伽行者呼吸的气息要长、要慢、要舒畅。气留身外之时，身自轻松，心自不动。

瑜伽行者善用五官制心，而达到三昧的程度。心集中在鼻端即嗅得天香，心集中在舌端即感到天味，心集中在眉心即见天色，心集中在舌的中央，即感天触，心集中在耳即闻天音。以上皆是驱除散乱昏沉，使心渐住于一境的方法。如将心集中在胸腹之间的莲花部位，即见光明放射，如宝珠，或如日月星辰。如将心集中在自我，便会很容易进入广大如海、无限与清净的三昧了。

（三）《瑜伽经》的作者及内容

《瑜伽经》的著作者，名叫帕坦嘉利（Patañjali），他的年代尚无定说，大概是活跃在公元前三世纪到公元四世纪之间印度宗教界的一位大师。前面说过，瑜伽本为印度古宗教哲学的共同所有，到了数论派，将其哲学理论化，而成为智瑜伽（Jñānayoga），瑜伽派的帕坦嘉利将其实际修行，做体系化而成为事瑜伽（Karmayoga），他们的目的则同为达到将人的自性从烦恼的系缚中脱离出来而回到神我去。他们虽然崇拜自在天神库力新那，那却不是他们最高的目的，仅是达到解脱的一种手段，故已带有泛神论的色彩了。所谓神我，便是无欲清净的自性的存在。也可以说，瑜伽派出于佛教之后，受了佛教无神论的影响，所以虽信唯一神，却在信仰人格神的高境界时，便把自己淹没在神性之中，而以神性当作各人的自性了。

《瑜伽经》分为四品：1.〈三昧品〉（Samādhi-Pāda），说明三昧的本质。2.〈成就品〉（Sādhana-Pāda），说明进入三昧的方法。3.〈功德品〉（Vibhūti-Pāda），说明由苦行及三昧而获得神通。4.〈独存品〉（Kaivalya-Pāda），说明灵魂离开物质的宇宙，还于神我，此也即是瑜伽行者的最高目的，亦即是他们所以为的解脱境界。

瑜伽行者，修持禅的一个特色，是除了调息及集中注意力于身体的某一部位之外，须口唱唵（oṁ）字诀，心念梵字的字形及其字义，则能消一切障碍，进入禅定。

瑜伽的三昧有二种：1.是集中精神于一定的目的物而发的三昧，杜绝一切外界的印象，仅存有内心的活动。2.是没有任何一定的目的物，精神仍然集中而发的三昧，此连内心的活动也静止了。

从上所见，印度的瑜伽，对于一般人而言，确已有了足够的吸引力，所谓自我或神我（ātman）或梵净（brahman）的程度，实际上已是摆脱了物欲烦恼而感到了轻安自在。但它仍有一个神我在，所以不是佛教的空。

三、印度佛教的禅

在印度，对于瑜伽的修行方法及其体验的层次化、组织化、系统化最早的一个人，不是瑜伽学派的帕坦嘉利，乃是佛教的创始者释迦牟尼世尊，帕坦嘉利虽在释迦牟尼世尊之后，充其量只是将外道禅做了系统性的组织和专门性的阐扬，并未跳出有神论或神我的精神世界，只是从物质世界脱离出来，进入一个纯精神的世界。佛陀则在学习了所有的禅定方法之后，认为那还是有（神）我的境域，并非绝对的自在解脱，尚有化入神我与神合一的感受，便不能称为真的解脱，所以在将外道禅定层次化而为四禅八定之上，另加一级名为灭受想定（nirodhasamāpatti: a samādhi in which there is complete extinction of sensation and thought) 才是真正的解脱。

在佛陀以前的印度古典之中，例如《奥义书》（Upanishads）早已讲到修习禅定的方法，主张以调息、调身、调心以及口诵唵字进入禅定，在《婆罗门书》（Brāhmanas）及《奥义书》中也都说到，依六重的瑜伽而见梵神（brahman），即是利用气息的调理、五官为心力集中的焦点、冥想、止、观、无我（restraint of the breath, restraint of the senses, meditation, fixed attention, investigation, absorption; these are called the Sixfold Yoga）为达到解脱物欲烦恼的目的。但是到了释迦牟尼世尊，才将诸派外道禅定，列起一个层次和系统来。此等记载散见于《阿含经》中，如《长阿含经》、《增一阿含经》等经，《俱舍论》、《大毗婆沙论》等论，现在依据〈禅法要解〉略为介绍如下：

（一）四禅（The Four Dhyāna Heavens）的心理与生理状态

1. 初禅（The First Region）：以瑜伽的方法舍除贪、瞋、痴、慢、疑等五盖（The five covers: mental and moral hindrances-desire, anger, drowsiness, excitability, doubt），

以正念驱止色、声、香、味、触等五欲的扰乱，获得一心，身心便会感到快乐、轻软、光明照于身内、身外，此时瞋处不瞋，喜处不喜，世间的利益、损失、毁谤、美誉、称颂、讥笑、痛苦、欢乐等八法，动不了他的心。此时因受妙乐，心大惊喜，自觉此乃夜以继日，乃至终夜不眠，精进苦行，修习禅定所得的成就。但初禅的定境，尚有粗杂念的寻（vitarka）和细妄念的伺（vicāra）。寻伺亦名为觉观。

2. 第二禅（The Second Region）：上面所说的寻伺，又名觉观（awareness and pondering），离欲界的五盖与五欲，可入初禅，再离觉观，内得清净，言语因缘在此消灭，喜乐胜于初禅。但是，第二禅的禅定，仍有爱、慢、邪见、疑等烦恼覆盖于心，破坏定心。

3. 第三禅（The Third Region）：第二禅所得喜的感受，仍是粗乐，应该舍去了喜，更入深定，而得细乐。三禅之人身所受乐，乐过世间最上快乐。但在修习第三禅定时有三种现象必须经常注意：（1）心易转微细转沉没，当此现象出现时，宜以精进的慧力，再使心起。（2）心大发动时，应予收摄抑止。（3）心生迷闷时应想念佛法胜妙，使心生喜。若把此三事调整顺畅，即住于第三禅。初禅与二禅的喜，如热极时清凉水，洗手洗面；三禅的乐，则如极热之时，举身浸浴于大凉池中。初禅有觉观所以乐不遍身；二禅有大喜，乐也不能遍身；三禅已除前障，所以乐能遍身。

4. 第四禅（The Fourth Region）：知道第三禅所得之乐，仍是无常，不可保守永恒的，所以进而更上一层。因为前面的初、二、三禅，虽有定心，仍有呼吸的出入，所以不易将心摄止，仍易起念头。到第四禅时，呼吸已从细、长、缓慢而到了停止呼吸的程度，心念自然清净。到了此一阶段的禅者，慈、悲、喜、舍的四无量心（The four infinite virtues: giving living beings happiness, removing pain, enjoying the sight of those who have been freed from pain and have obtained happiness, abandoning attachment to the three virtues above mentioned and being impartial to all），随意易得。观身不净、观受是苦、观心无常、观法无我的四念处观（The four types of meditation which eliminate false views: the body is impure, perception leads to suffering, the mind is impermanent, dharmas are nonsubstantial）修之则易。神足、天眼、天耳、宿命、他心乃至漏尽等六通（The six

supernatural powers），求之易得。当然，第四禅也是进入四无色定（The four formless heavens）的转折点。

（二）四无色定（The Four Formless Heavens）的修行过程

生活在物欲世界的人，如不能摆脱物欲的诱惑和困恼，便不能入定。所以在前面所介绍的四个禅的定中，已经离欲，但他们仍有身体，乃至尚有呼吸，此身死后，则生于仍为微细物质构成的色界天，故称为仅有色身而无物欲的色界。由第四禅更上一层，便进入纯精神的所谓无色界天，共有四个阶段，又称为四空处（The four immaterial）。

1. 空无边处（ākāśānantyāyatana: the heaven of boundless space）：众生无不爱惜他们的身命，但是色身乃是众苦之源，烦恼的根本，一切的罪恶，杀生、盗窃、行淫、妄语等，都是为了色身而引起；即使修成了禅定，乃至到了第四禅，出定之时依然有饥、寒、伤害、老、病等苦。如能进入无色定，便不再有色身之累了。因此在印度，在西藏，有些经过长期修行禅定的人，到某一种程度时，会志愿舍离色身，入定之后，便脱化而去。不过，尚有色身的时候，也能修成无色定（formless dhyāna）的：先将心念观想色身中的虚空，色身的细胞，如藕中空，此空渐渐扩大，最后便只见虚空不见色身；色身空了，色身所处的环境也空，再无物质世界的感受，只是一片无量无边的虚空，此时的感受，犹如一向被关在笼中的鸟，一旦破笼而出，翱翔于浩瀚无涯的空中，无拘无束。

2. 识无边处（vijñānānantyāyatana: the heaven of boundless consciousness）：再进一步，由观虚空转为观想意识，渐渐发现意识的现象，是存在于过去、现在、未来的相续不断之间，如流水、如灯焰，绵绵相继，由现在向过去推延或向未来延展下去，也是无量无边。可见，空无边处是体验到空间的无限广大，识无边处是体验到时间的无穷深远。

3. 无所有处（ākiñcanyāyatana: the heaven of nonexistence）：再离虚幻的意识，观想诸法空无所有。此与空无边处不同者，前者以虚空为所观境，此则不以任何东西为所缘。此与佛法所讲的空，亦颇有不同，此以无所有的观念为所缘境，佛法则为破除执着而说空，不以为实有一个"无所有"的东西。

4. 非有想非无想处（naivasaṃjñānāsaṃjñāyatana: the state of neither thinking nor not thinking）：修行者一旦发觉，凡是可用意识思想的，都不是究竟的，便再往上一步，舍弃一切可缘的思想意念，达到世间禅定的最高境界；但他们仍住于"非有想"的微细意念上，念头虽不动，感受依然存在，故名"非无想"。

因此，四禅与四空处，加起来合称为八定（eight samādhi），从修行的历程上看，完成此八个阶段，的确不易；但其纵然修到第八阶段，仍未脱离三界的生死范围，当定力退失时，仍旧跟普通的众生完全一样。因为他们依旧在有漏有为有我的五蕴法中。五蕴与三界的关系如下：

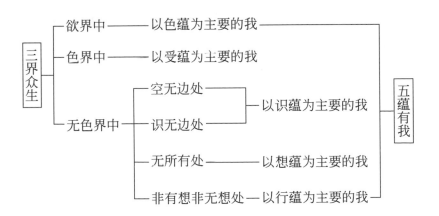

（三）灭受想定（Nirodhasamāpatti: absorption of cessation）

要想入定，必须修行，当你进入定境之后，如果贪着定中的喜乐，继续不断地享受下去的话，便无法进入再上一层的境域。所以，由得初禅后再从初禅的定中起来，始能进入第二禅，次第进入第八阶段，均得如乘火箭，一直往前之时，也在节节扬弃。释迦世尊发现外道禅尚无一种禅定是真能彻底解脱烦恼的，所以另在第八阶段之上，再加一阶，称为灭受想定，也就是灭却微细的心意感受，五蕴中的行蕴之后，便进入空或真正无我的境界。此定着眼于心理活动的空去，不在于色身的有无；事实上，若在人间修成此定，身体依然存在。四禅八定，虽称有四种色界天及四种无色界天，如果未舍人间欲界的色身之前，色身虽然仍在欲界的人间，他的精神领域，则已在色界天或无色界天了。不过那是指正在入定的状态下，出定之后，如果仍能始终保持定中的心境，那就不是简单的事了；所以，修定而得定的人，大致上会偏于厌离尘世，喜住深山野外，人事不干扰处。

禅的入门方法

　　中国禅宗的修行方法，是顿超直入的，不假次第的，不像印度的瑜伽及印度的大、小乘佛教，均极注重修行方法的次第或步骤。尤其印度晚期的大乘密教，特别重视修行方法的传授，而且愈修愈繁复。事实上大乘密教的方法，大致与其他印度宗教所用的瑜伽法门，有很多雷同之处，精彩处是能以佛法的空智，化解了外道宗教的最高执着的神及神我，使一切方法皆成为成佛之法，导归佛法的大海。可是，密宗的修持方法，基本的，固然人人可得而修，愈向上乘，仪轨的学习与行持，便愈难，所以不是人人有时间和因缘去修持的。中国的禅宗，乃以"无门为门"，以没有方法为最高的方法，这对于根机深厚的人，或者以终其一生的时间来修行的人，只要能把自我中心的意识，渐渐化去之后，禅门自然会在他的面前大开。可是，对于绝对多数的人，只能站在禅门之外，揣摩禅境，或者仅能欣赏到禅者们自在洒脱的风格，却无从身历其境地来体验一番了。因此，中国的禅宗，后来被视为只有年轻利根的人才能修习。其实，修行的方法，无一门不是以禅定为基础的，也可以说，除了禅定之外，便没有修行的方法。所以，无论佛教或其他宗教，禅定是唯一的修行方法。因此，凡是主张以修行来达到精神和肉体之改造的，不论它是叫作什么，我们都应该将之列入禅的领域，层次虽各不同，基础是大同而小异的。

我是出身于中国禅宗寺院的僧侣，但我并不以为唯有禅宗的子孙才修行禅的方法，事实上在禅宗寺院出家的僧侣，也未必有多少人摸索到了他们主要而适当的修行方法。因此，中国的禅，虽以无门为门，我仍希望先让有心于修行的人们，从有门可进的基础方法学起，修学了一段时日，或者能够把心安稳下来之后，再教他们去寻找无门之门。若能先用修学禅定的方法，把心安稳下来，然后学不学中国禅宗的禅，无关宏旨；是不是称它为禅，也无关紧要。要紧的是在于能不能找到适合你并且是有效的修行方法。

　　禅的修行方法，原则上不出乎调身、调息、调心的三要素，目的在于调理身心，关键则不能离开气息而谈身心的健康和统一。以下，我们便就这三要素，来谈修行禅定的基本方法。

一、调身

　　一般所讲调身的主要方法，是指打坐的坐姿。可是，除了坐姿之外，应该尚有行走、站立、躺卧等方法；在坐前与坐后，也当有运动及按摩的方法；乃至吃饭、解大小便，均宜有其方法。因为，我们的身心，若要它健康，必须动与静并重兼顾，所谓动中取静，又所谓静中之动。前者即是以运动及按摩的方法，使得血液循环通畅、气脉运行活泼、肌肉和神经松弛，才能使得身体舒适，即所谓气和而后心平。此所以印度的禅者，有瑜伽体操，中国佛教的禅者，有少林寺的拳法，道家丹道派的运动方法，尤其繁多，后来则演为太极拳。实际上，东方人的各种运动方法，大多与坐禅有连带关系，并且是为了坐禅的需要而有运动的方法，甚至运动的方法最初也是由禅者于修行之际，身体自然发生规律的柔软的运动动作而来，正像后世中国医术中的针灸原理所依的身体的经脉和穴道部位，最初也是从静坐运气之中发现的一样。现在许多人，将运动的拳法及针灸，与修行禅定分了家，这是不对的。

身体缺少运动，机能便易于老化和感染病痛，运动是使生理机能，由紧张以后的松弛，能够得到更多的营养补给及休息的机会。禅者的运动方法，讲求心念集中、气息和顺，绝非后来演为技击的拳术可比；禅者的运动，本身就是修行禅定的方法。所以，我对调身的方法，是运动与打坐并重的。

二、运动的方法

我所教的运动方法，做的时候，都只需两公尺见方或一个人身的长度，乃至仅能容身坐下及起立的一小块空间，就够了，而且不论男女老少，健壮衰弱，都可以安全地练习。但是为了学习的进度，我把它们分作几个阶段：

（一）初级

也就是开始修习坐禅方法的同时，便教学生练习。

1. 头部运动——此在打坐以前，坐下之后使用。先将两手平置于左右两膝，勿用力，身体坐正，再做头部运动的四个方式：（1）头向下低，再往后仰。（2）头向右倾，再往左倾。（3）头向右后转，再向左后转。（4）头顺着时针方向，前、右、仰、左转，再逆着时针方向，前、左、仰、右转。每式身体不动，肌肉和神经放松，各做三到七次。动作缓慢柔软，眼睛睁开，呼吸自然。头部运动的目的，在使头部血液减少，降低思潮起伏的动力，使头脑清新，渐渐宁静。

2. 全身按摩——在打坐以后，站起之前，搓热两掌，先用拇指背轻轻按摩双眼，依次用双掌按摩面部、额部、后颈、双肩、两臂，乃至手背、胸部、腹部、背部、腰部，再下至右面的大腿、膝盖、小腿，左面的大腿、膝盖、小腿。此一自我按摩的运动法，能使因初学坐禅而感到的疲劳，完全消除，身心感到柔和温暖与舒畅。唯其在按摩时，必须将注意力集中于掌心或指头。

3. 瑜伽柔软运动——此略。

4. 走的方法——坐禅久了，腿子感到不习惯时，不妨用走的方法来调摄身心。（1）快走，中国禅堂称为跑香，顺着时针方向，在禅堂内，左臂甩、右臂摆，老弱者走内圈，健壮者走外圈，愈走愈快。此时修行者的心中，除了走得更快的感受之外，不应有任何念头。（2）慢走，佛教的名词称为经行。我教的是极慢经行，注意力集中在前脚掌心，右手轻握拳，左手轻抱右拳，提举于腹前，离肌肤一指节。如果会用心的话，快走慢走，都能使你失心入定。

5. 站的方法——两脚分开约等于自己一只脚的距离，将上身由头至小腹松弛、变轻，让重心和重量的感觉落到两脚的前掌。

6. 卧的方法——（1）右侧卧是最好的方法，所以名为吉祥卧，它能使你少梦、熟睡、清醒、不打鼾、消化良好、不遗精。（2）仰面卧，宜用于短暂的休息，把全身肌肉放松，不用一丝力量，即能很快地消除疲倦；如果用在终夜的长睡，这就不是最好的方法。

7. 日常生活的方法——禅宗常讲：吃饭、洗碗、屙屎、撒尿、担水、砍柴等日常事，无一不是禅，含义极深，非真得悟境者不易明白。在起初学禅的人，若能在做任何事的任何情况，都能心无二用，不起杂念的把注意力集中的话，虽不能即入禅定，也可使你的工作效率提高，生活得充实和稳定了。

（二）中级及高级

坐禅的训练，与运动的方法，既有连带关系，训练愈久，运动的方法也随着增加其项目。因为本文仅供参考，不是用作教材的，提供了初级的方法，对于从未学过的读者，不妨练习，一定有用，但也未必能练得很好，因为动作姿势的正确度无人从旁给你指导的缘故。中级和高级的运动方法，有站的、有坐的，也有躺卧及倒立的等等。当然，禅者的运动，以缓慢、柔软、安定、安全为原则。

三、坐禅的姿势

坐禅的姿势，是印度古修行者所发现的，传说是古仙人在经过无数的困难，修道仍不得道，后来发现雪山深处的一群猴子，正在用坐禅的方法修道，古仙人模仿着坐了之后，便成道了。以常情而论，猴子不会坐禅，其他的动物，也没有坐禅的体形条件，动物之中，唯有人类才有坐禅的条件，那个传说，只是在无法从历史记载中找到根源的印度人，所讲的含义深长的故事。意谓虽然心的轻举妄动而如猴子，也有坐禅的必要和可能。那种坐法名叫毗罗遮那的七支坐法。

（一）七支坐法

1. 双足跏趺——此有二式：（1）通途是以左脚在下，右脚置于左大腿上，再将左脚置于右大腿上，称为如意吉祥坐。（2）或将右脚在下，左脚置于右大腿上，再将右脚置于左大腿上，称为不动金刚坐。（编案：本书关于吉祥坐与金刚坐的叙述，与传统说法刚好相反，相关内容可参见《一切经音义》卷八。）这两种坐法，对于年长的人及初学坐禅的人，并非人人能够做到。

2. 背脊竖直——挺起腰干，勿挺胸部，头顶向天垂直，下颚里收，颔压喉结。

3. 手结法界定印——两手圈结，右手在下，左手在上，两拇指相结成圆圈形，轻轻平置于丹田下的胯部。

4. 放松两肩——将两肩肌肉放松，自觉如无肩无臂无手的状态。

5. 舌尖微抵上颚——门牙上龈的唾腺处，不可用力，若有口水则缓慢咽下肚去。

6. 闭口——无论何时，只用鼻息，不可张口呼吸，除了有病在鼻。

7. 眼微张——视线投置于身前二、三尺处的地上的一点，不是要看什么，只因睁大眼睛时，心容易散乱，闭起眼睛时，心容易昏沉。如果睁眼过久，觉得劳倦时，不妨闭一会儿。

对于七支坐法的次序和内容，各家的看法也不尽相同，有的人将调息及调心的方法，也合在七支之内，本文则为了便于分类介绍，故仅将调身的部分做为七支的内容。

（二）其他坐法

由于初学坐禅的人，不一定能够跏趺坐，对于从未学过打坐的人，一开始便要求双腿结跏趺坐，也是不合理的，甚至也会因此而把许多希望尝试打坐的人，阻吓在修道的大门之外。现在我给初学的人，介绍由难而易的其他几种坐法如次：

1. 半跏坐——不能盘双腿的人，或者双腿盘久了，觉得疼痛难忍之际，不妨把上面的一只脚松开，置于另一只小腿的下面。或者一开始仅将一只脚，置于另一边的大腿上。左脚在右小腿之下，或右脚在左小腿之下，均可。

2. 交脚坐——两脚均置于地，向内向后收，结果，两脚掌向上，置于两小腿乃至两大腿之下。

3. 跨鹤坐——又名为日本坐，因为迄今的日本人，在日式的室内的正式坐姿，仍是用这种方式。即是双膝跪下，两脚的大拇指上下交叠，将臀部坐落在两脚跟上。此种坐法，在中国古代未用高椅、高桌之时，普通人在正式场合，也是如此坐。

4. 天神坐——左脚坐如半跏式，曲向内，置于身前。另一脚，曲向外，置于身后侧。迄今南传上座部佛教徒，席地闻法时多用此式，乃至坐禅时的初步坐法，也用此式。

5. 如意自在坐——此式系模仿佛陀八相成道，自兜率天下降人间之前的坐姿，左脚坐如半跏式，曲向内，脚跟置于会阴前，右脚垂立、曲膝置于右胸侧，左右两手平覆分置于左右两膝。

6. 正襟危坐——以上各种坐法，均系席地而坐，此式则坐于与膝同高的椅子上或板凳上，两脚平放于地，两小腿垂直，两膝间容一拳的距离，背不可依靠任何东西，仅臀部坐实，大腿宜悬空，与小腿成一直角。

以上六种，除了坐姿不同及如意自在坐的手姿不同之外，其他均用七支坐法的第二至第七项规定的标准。当然，功效最大最快而且能够经久稳固的坐姿，仍以最难的跏趺坐，最为可靠。因此，初学的人，尽可用你觉得最舒适的坐法，以不让自己产生畏惧心为原则，渐渐地试着用较难的坐法，是有益无损的。

四、调息和调心

气息和顺舒畅，心境才能平静安稳。心情与呼吸的关系是极为密切的，并且，要想调心，必先从调息入手，不论管它叫什么名字，中国的道家、印度的瑜伽、西藏的密宗、中国的天台宗等，讲到修行禅定的次第，必定重视呼吸与气的问题。因为人体生理的动静以及心理的动静，与呼吸的气和息，有着依存关系。就原则的定义而言，"呼吸"，是指普通人每分钟十六到十八次的出入息。修行者的呼吸在渐渐地缓慢深长微细之时，称为"息"。由于息的力量，推动血液制造能源，由能源产生赋活生理机能的作用，称为"气"。当修行者感受到由气所产生的作用时，称为"觉受"，有了觉受经验的人，便会觉得坐禅对于他们，确是人生的一大幸福和恩惠了。

（一）呼吸的方式

呼吸的方式，大致上可分成四类：

1. 风——在激烈的运动之时，或者刚刚做完激烈的运动，如打篮球、踢足球等时，呼吸的速度及强度如刮风，均不宜打坐。

2. 喘——在感到恐惧、紧张、病痛、虚弱、兴奋、疲倦之时，必定情绪低落，心神昏暗，也不宜打坐，要躺下或坐下休息而至平静舒畅之后，始可打坐。

3. 气——是指普通人的平常呼吸，每分钟十六至十八次呼吸，而自己可以听到呼吸声。此为初心打坐者最低的要求，也是安全的呼吸的速度。

4. 息——此又可分为四等：

（1）鼻息：打坐时用鼻孔呼吸，是基本的方法，最初的速度也是每分钟十六至十八次。与气不同者，是听不到呼吸声，呼吸是平常的速度，所以吸气及呼气，主要是靠肺的自然的律动，不得以注意来控制它，否则速度快了，会头晕，慢了会胸闷。如发觉呼吸有困难，例如头晕或胸闷之时，当注意调息，宜以四秒钟左右做为一呼一吸的时间长度，最有效。

（2）腹息：仍用鼻孔呼吸，但其呼吸的重心不在肺部，而在小腹部了，初学时不宜勉强用控制及压气的方法，把吸入的空气逼入丹田（小腹部）。通常学打坐的人，经过一段时日之后，呼吸气必然自动地通过横膈膜而到达丹田，那时，修行者的身心，会突然感到轻松舒软起来，呼吸也愈来愈慢，愈来愈长，愈来愈深，愈来愈充足，不仅感到肺部充足，丹田充足，乃至全身的每一个细胞，都感到充足。渐渐地呼吸的自然律动，不在肺部，而在小腹了。但那不是把小腹隆起，而是以小腹取代了肺部的功能。

（3）胎息：胎儿在母胎内时，不用鼻孔呼吸，是以与母体相连的循环系统来呼吸。修行禅定的人，由于腹息的更进一步，便不用鼻孔呼吸，每一个毛孔，都可能成为呼吸器官。此时脉搏，若有若无，但其仍须仰赖体外的氧气来补给身体的所需。此时以大宇宙做母胎，自己的身体即是胎胞中的婴儿。

（4）龟息：动物之中，有的乌龟，寿命极长，甚至将其埋入地下数百年，无饮食，无空气，也能继续活下去。打坐而至第四禅的程度，自然不需呼吸空气，甚至心脏也停止跳动，不同于已死的尸体之处，乃在于不腐臭烂坏，其生理组织仍是活着的人。

此便介于胎息与龟息之间，定力愈深，则愈近于龟息，乃至全住于龟息的状态。此时，修行者的身体，已自行形成了一个个别的小宇宙，以其体内的气或能的运行，自给自足，不必再从体外吸取氧气来供给体能的消耗了。

当然，初学打坐的人，不可好高骛远，操之过急，应该先把鼻息练好，再能到达腹息，已不错了。

（二）调息的方法

调息的方法，在中国的道家，称为"吐纳"，纳天地日月之气以养生，吐身内的混浊之气以保命，乃是修练丹道的方法。印度的瑜伽行者，特别重视各种呼吸法的锻炼，且以生命能之产生与超常能或绝对能（与神合一的自然大能）的引发，就是要用呼吸的方法做为重点的训练。佛教修行的起点，与外道无多差别，所不同的是，调息是入门方便，并不以调息为根本法门。调息的目的，在于调心，心既调伏之时，有没有呼吸的方法，便无关紧要了。

我所教的调息法有两类：

1. 数息——在数息之前，先做深呼吸三次，深呼吸时，将两手置于小腹，先用鼻吸第一口气，引入小腹，使小腹隆起，再收小腹，继续吸气，使肺部隆起，肩微耸，尽量吸入，然后闭气十五秒钟，才慢慢地把气用口吐出，同时身子下弯至不能弯时为止。三次深呼吸后，把姿势坐稳，开始数息。数息也有数种不同的方法：

（1）顺数：又有两种，一是数出息，这是通常用的一种，把注意力集中在数出息的数目上，每呼出一口气，数一个数目，数到第十，再从第一数起，反复连续地数下去，数到心无杂念之时，身心便有异常愉悦的感受出现了。二是数入息，方法与数出息相同，只是把注意力集中于入息的数目上。由于通常人的呼气较慢，所以数出息，较易阻止杂念的入侵。

（2）倒数：当修行者，用顺数之时，渐渐变成机械化，心中把数数目变成了无意识的或下意识的行为之时，杂念便趁机活跃起来，所以不妨把数目倒过来，从

十、九、八……，而至一。

（3）隔数：倒数又成了机械化时，不妨顺着数单数或双数，单数数到第十九，双数数到第二十。也可以倒着由第二十起数双数或由第十九起数单数。

2.随息——当以数息的方法，修行到了杂念渐渐减少之后，便可把数目省掉，但将注意力集中在呼吸的出与入上面，对于每一呼吸的出与入，都明明白白。此亦可分两种：

（1）随鼻息：注意力在鼻端，感受呼吸的出入，不用注意呼吸到达的部位及处所，但要你达到呼吸与心，相契相忘的程度就好。

（2）随息想：每吸一口气，便想："一口吸尽千江水。"每呼一口气，便想："一口吐出万里山。"将自己的身心，随着呼吸的出入，而与外在的山河世界，连接起来，打成一片。当然不是要你吸入的都是水，吐出的全是山，而是要你把内在的身心和外在的世界，随着呼吸的出入而融和为一个全体。其实，这已是从调息的范围，跨进调心的领域中了。

（三）调心的方法

佛法被称为内学，所以佛所说的一切法，无一法不是教众生向己身的内心用工夫的调心方法。佛法的总纲，称三种无漏之学，那就是戒、定、慧。其中以禅定为修道的根本方法，戒是修道的基础方法，慧是修道所得的效果。如果没有戒所规定的有所不得做及有所不得不做的生活态度，修定就无法成就；纵然有了成就，也会落于邪道而自害害人。所以戒是道德规范的佛教教义，也是调心的基础方法；做为哲学理论的佛教教义，是由调心方法所得的结晶。本文的重点，则在于说明修习禅定的方法。

以修道的立场而言，不可以说，唯有修禅定才是修道，修禅定则确是修道的主要方法。调息为修定的入门，调心则是修定的主要方法。佛的十大德称有："天人师"、"调御丈夫"，意即是他已是天及人类之中的一位将心完全调伏和驾御了的人，也是天及人类之中最能帮助众生调摄身心的一位大师。从修禅定的方法而言，调心可以用如下的数类观想：

1. 观想身外的东西——挑选身外的任何一物，做为集中心念的对象；或者以分析身外的任何一事一物，做为转变心念的对象。前者如月观及日观，后者如因缘观及不净观。

2. 观想地、水、火、风的功德——将自己的心，观想成地、水、火、风的任何一种功德，化除烦恼妄想，进入凝然不动而又朗朗清明的定境。例如地能化腐朽为神奇，容受一切而又生长一切，然其本身始终寂然不动。水能洗净诸垢，汇百川成大海，滋养万物，变化万象，而又不争功、不诿过。

3. 以身体的官能接受身外的对象——用眼看颜色及形色，用耳听各种声音，用鼻呼吸，用舌抵上颚，用身体感受粗细及冷暖等。其中以用鼻呼吸的方法最基本有效，眼睛看及耳朵听，最好要有老师指导得法，始能安全有效；舌抵上颚是打坐的基本要求；全身的部位太多，初学时不易用上力量，仅以观想冷暖或热的感受，也容易发生不能调和的毛病。

4. 观想身内的五脏——中国的道家用金、木、水、火、土的五行代表五脏，所做的五行归一而观想丹田的方法，或以五行相济相生的方法，导引脏器的功能，增长肉体的健康。印度的瑜伽所说的六个或七个灵球（chakras），也是以五脏为主的观想法。

5. 观想身体的某一部位——如观想眉心、鼻端、脚心等。初学打坐的人，若没有明师指导，大概只能以修数息法来调心，也可以用随鼻息法；为了安全可靠起见，最好还是由已有经验的人指导。至于其他各种如上面所介绍的方法，若未经有经验的人指导，最好不去摸索，所以本文也未做明细的说明。这是技术的问题，仅靠书面叙述的来练习的话，是不够安全的。

我在美国所教的初级班，仅教一或两种调心法，上完中级班，可能已学到六或七种调心法；但是能够每种都学得有效的人，并不多见，原因是打坐的基础不够，光学方法没有用处，学了若不勤练，也没有用。练习之时，发生了困难，有的可以自行解决，有的则必须老师指导，始能克服。

（四）调心的历程

我们的心，经常处于两种极端的状态之下：精力充沛之时，思绪极多，不易安静，更不易凝定，否则，在无事可做之际，就不会感到寂寞无聊；在精力疲惫之际，便会陷于困顿、陷于晦暗、昏沉呆滞，否则，在工作了一整天之后，就不会需要睡眠。前者病在散乱心，后者病在昏沉心，此两者是修习禅定者的大敌。轻微的昏沉，有法对治，比如睁大眼睛，注意力集中于眉心等法，用之可以见效；重昏沉则唯一的最佳方法是干脆闭上眼睛，睡一会儿。大多数的调心方法，是用来对治散乱心的。我将调心的历程，分作七个阶段，以数息做例子，用符号来表示其心态如下：

1. 数呼吸之前，没有集中心力的对象，心念随着现前的外境，或回忆过去、或推想将来，不断地、复杂地、千变万化地起伏不已、生灭不已。

2. 数呼吸之初，数目时断时续，妄想杂念，依然纷至沓来，但已有了集中注意力的主要对象。

3. 数呼吸之时，数目已能连续不断达十分钟以上，但是仍有许多妄想杂念，伴着数息的正念。

4. 数呼吸之时，正念不断，杂念减少，偶尔尚有妄念起落，干扰正念的清净。

5. 数呼吸之时，唯有清净的正念，不再有任何妄想杂念，但仍清清楚楚地知道，有能数呼吸的自我、有被数的呼吸、有用来数呼吸的数目。实际上，虽到如此的心无二用之时，依旧至少还有三个连续的念头，同时活动着。

6. 数呼吸，数到把数目及呼吸都忘掉了，感到身、心、世界的内外间隔没有了，人、我对立的观念没有了，客观与主观的界限没有了，那是一种统一的、和谐的、美妙的无法形容的存在，那是充满了力量和愉快的感受。此时，至少尚有一个念头在。也唯有到了此时，始为与定相应的现象。

7. 数呼吸，数到身、心、世界，全部不见了，时间与空间都粉碎了，存在和不存在的感受消失了，进入了虚空寂静的境界，那是超越了一切感觉、观念的境界。我们称之为悟境。

没有符号能够表示，一切语言、名字、形相，到了此处，均无用武之地了。

以上七个阶段，第一是散乱心，由第二至第五是集中注意力的过程，第六、第七是定境与悟境。若细论，第六尚不是深定，而是一般宗教家、哲学家，乃至艺术家，都能多少体验到的所谓天人合一和与神同在的冥想。

（五）杂念、妄想、念头

从修行禅定者的体验而论妄想、杂念与念头，也大有分别说明的必要。大致上，妄想杂念，可有两类，一是粗重的，一是细弱的。粗重的之中，又有杂乱无味而且不连贯的，名为杂念，有条理的则名为妄想。细弱的之中，又有容易察觉在动而未必有意味的一群波动，仍称妄念，以及非在相当宁静时不易察觉的一个一个的波动，任何一个波动，都无法代表任何意味的，便称为念头，若用线状的符号加以说明，也许是这样的：

1.杂念群：

2.妄想群：

3.妄念群：

4.念头群：

5.定　境：

　　其中的念头，起灭极为迅速，坐禅工夫相当好的人，能够发现在一秒钟间，有十来个念头。对治杂念妄想的最好方法，便是"不怕念起，只怕觉迟"。当你发觉你有杂念妄想时，那个杂念妄想已经过去，不要再为它而烦恼。勿怕杂念妄想打扰你，如果你老是为着杂念妄想之像五月的苍蝇，挥之不去而烦恼，那会为你带来更多的杂念妄想。应该知道，当你能够发现你有很多的

杂念妄想之时，正可证明你在调心的工夫上，已经有了
相当程度的收获。

从印度禅到中国禅

调心有方，即可得到一心，而至失心入定。但这尚不是中国禅宗的方法。禅在中国，初期所传，与印度的佛教无异，对于禅定的修行，在中国的发展，分成两大流，一是综合印度的大、小乘的方法，加以开发而成天台宗的止观；一是从印度传来的大乘禅或如来禅，加以开发而成禅宗的话头（公案）禅及默照禅。

一、印度禅的方法

印度禅的修行方法，从小乘到大乘，颇可见到其演进的过程，现在略举如下：

（一）小乘禅法

1. 止观——欲得四禅八定，必须用某种方法，收摄心神，并用智慧，观照实际，此正所谓定与慧等持等修，始能入道证真。止是消极地将心神凝聚于一处，观是积极地活用智慧观照实相真理，二者如车之二轮，并驾前进，不可偏废。此在《增一阿含经·六重品》、〈有无品〉、〈惭愧品〉，《杂阿含经》卷三、同经〈因诵第三品〉，《中阿含经·林品自观心经》第三，以及《阿毗达磨集异门足论》卷三，均有述及止观的名相与修法。中国天台宗的止观法门，即是依据印度小乘止观，予以发挥而成。

2. 三昧——不偏于止，不偏于观，进入深定，心态正直平等，不动相续，观智成熟，照境清明，称为三昧。也就是由定中的智慧，反映于外境时所起的功用。大略可分二类：（1）从所观的对象得名者，例如空三昧、无相三昧、无愿三昧、慈三昧、火三昧、水三昧等。（2）从三昧的功能现象得名者，例如不动明王三昧、金刚三昧、狮子奋迅三昧等。此可以由《增一阿含经·高幢品》、同经〈马王品〉、《杂阿含经》卷二十等处见到。并于《增一阿含经·十不善品》中，介绍说: "若有比丘, 得金刚三昧者, 火所不烧, 刀斫不入, 水所不漂, 不为他所中伤。"

因此, 梵文的三昧 (samādhi) 这个名词, 至少含有三层意思: 一是入定的本身, 二是由定所生的慧对外反映的功能, 三是神通的力量。故在翻译之时, 极易混淆。

从修行者的善根类别不同及层次不同, 所得的三昧, 也不尽相同。此在《增一阿含经》的〈弟子品〉及〈清信女品〉等处的记载, 可以见到。在大乘的《付法藏因缘传》卷二则说: "如来三昧, 诸辟支佛不识其名; 缘觉三昧, 一切声闻莫能解了; 大目揵连、舍利弗等所入三昧, 其余罗汉, 不能测度。"

3. 十念与二甘露门——止观是修定时用的两种交互并行的方法, 三昧是修行禅定后所产生的功能。现在再介绍修行禅定的方法。

(1) 十念: 以心念系缚于某一种特定的事物或功能上, 便可进入定境。所谓十念是: ①一心专念于佛的身相、面相, 及其殊胜的圣德。②一心专念于佛的正法, 因其能除众生的烦恼渴求之心。③一心专念如来的圣僧大众, 因其具有持戒、智慧、解脱的圣德。④一心专念清净的戒律，因其有无为无欲之功德。⑤一心专念做大布施，若人骂我，不发怒，若人打我、杀我，不瞋恨，施舍欢喜，全无余想。⑥一心专念天神的身相光明，赞叹其善行的果报。⑦一心专念于休息，心意止息，乐住于安闲宁静而入三昧。⑧一心专念于呼吸的出入，了了分明。⑨一心专念于身体的垢秽不净，终归无常。⑩一心专念于身体死亡的现象。从《增一阿含经》卷一的〈十念品〉所见，以上的十念，各各都是一种独立的法门。

此十念，均系用来修行禅定的方法，后来的大乘净土宗，便以念佛的身相、面相，以及专念阿弥陀佛的名号，以期修成念佛三昧。

（2）二甘露门：此是后世的小乘佛教徒，从十念之中，抽出了第八的数息观及第九的不净观，做为两项特别重要的修行法。事实上，散乱心重的人，修行数息观，淫欲心重的人，修行不净观，的确是相当有效的方法。甘露是一种药名，传说服食甘露，可得不死。将数息、不净的两种方法，称为甘露之门，意即是修此法门，可以解脱生死。

4. 五停心与四正断

（1）五停心：又名坐禅的五门，《五门禅经要用法》中说："所以五门者，随众生病，若乱心多者，教以安般（数息）；若贪爱多者，教以不净；若瞋恚多者，教以慈心；若着我多者，教以因缘；若心没者，教以念佛。"

（2）四正断：又名四正勤、四意止、四意断。即是：①令已生的恶法断除；②令未生的恶法不起；③令已生的善法增长；④令未生的善法生起。

5.六妙门与十六特胜

（1）六妙门：这是以呼吸做为修定的六种方便法门。根据《阿毗达磨大毗婆沙论》卷六的叙述，分条说明如下：

①数息，有五种数法：a.从一数到十，称为满数；b.从多的数目数到少的数目，称为减数；c.从少的数目数到多的数目，称为增数；d.数目数过了第十，或自行确定一串不规律无顺序的数目，称为随机数；e.先数五次入息，再数五次出息，称为净数。

②随息，将心念随着呼吸进出，息至何处，心亦随之到何处。吸气时，心随气入，逐步由咽喉、心胸、脐轮，乃至直到足趾；呼气时，心随气出，渐渐由近

至远。

③止息，观想息风，初住鼻口、次住咽喉、次住心胸、次住脐轮，乃至住于足趾。

④观息，息风到达任何部位，都能审究观察。

⑤还息，又名转息，转此呼吸，观想：身不净、受是苦、心无常、法无我的四念处，用来对治凡夫通病的常、乐、我、净的四颠倒。

⑥净息，一切烦恼尽除，证得圣果之谓。

（2）十六特胜：此亦是呼吸法的一类，《修行道地经》对此有详细的说明。即是：①数息增。②数息减。③数息时动身，即知有问题。④数息时身体怠惰沉重，即知有瞌睡的问题。⑤数息时生起欢喜心，即知有问题。⑥数息时生起安乐心，即知有问题。⑦数息时，观照诸种想及念，了了分明。⑧数息时虽起诸种想及念，皆柔顺于数息的工夫。⑨数息时自心所感觉明了者，即时知道。⑩数息时，若心欢悦立即知道。⑪数息时，若得心定，即时知道。⑫数息时，心得解脱，立即知道。⑬数息时，洞见息是依于无常，即时察知。⑭数息时，观察息之起灭不已而得离欲之心者，立时知道（离欲界即将入初禅）。⑮观见气息灭尽，即时知道

（将入第四禅）。⑯数息时，观见气息灭尽，离欲清净，趣向解脱道，立即知道（将离三界生死）。

可见，六妙门与十六特胜，都是以呼吸法来达到禅定，乃至解脱一切烦恼的目的。

（二）祖师禅的先驱

1. 是以所跟随的师父为修行的（皈）依（住）止之处，不依佛说的经律为最高的权威。此如小乘部派佛教中的鸡胤部（Gokulika）主张不必依佛说的经（sūtra）和律（vinaya）为主，应依祖师所作的论（discourse）为修行的依准。

2. 不依见闻觉知而修禅定，例如《杂阿含经》卷三十三，便有如此的记载："禅者不依地修禅，不依水、火、风、空、识、无所有、非想非非想而修禅，不依此世（界），不依他世（界），非日、月，非见、闻、（感）觉、识（别），非得、非求、非随觉（受）、非随观（察）而修禅。"这与传统的印度禅的观点，颇不相同，倒与中国的祖师禅的风格很相类似。

二、中国禅的方法

中国禅，从佛法初传（公元第一世纪），以迄禅宗烂熟（公元十二世纪），产生了话头禅与默照禅的对峙并行之际，曾经几番的变化。

（一）初传中国的禅法

自东汉桓帝（公元一四七—一六七年在位）时代至梁武帝（公元五○二—五四九年在位）时代，菩提达摩（Bodhidharma）自印度东来为止的大约三百五十年之间，由印度传来的禅法，乃是印度的小乘禅及大乘禅：

1. 安世高（公元一四八年到洛阳）译出了十多种小乘的禅经。大约在同一个时代，又有支娄迦谶，译出了《道行般若经》、《首楞严经》，为大乘禅的空的理论，开了介绍的先河。

2. 另有于公元二四七年到达建业（今之南京）的康僧会，不但译出了《坐禅经》一卷，并对安世高所译的《安般经》（Ānāpāna Sūtra）加以注解，"安般"的意思是一种呼吸法或数息法。不过，《坐禅经》及《安般经》注解，现已失传，仅从《出三藏记集》卷六，见到他的禅定思想如下：

　　夫安般者，诸佛之大乘，以济众生之漂流也。其事有六，以治六情，情有内外，眼、耳、鼻、口、身、心，谓之内矣；色、声、香、味、细滑、邪念，谓之外也。……弹指之间，心九百六十转，一日一夕，十三亿意，意有一身，心不自知。……是以，行寂、系意、著息，数一至十，十数不误，意定在之。小定三日，大定七日，寂无他念，泊然若死，谓之一禅。……已获数定，转念著随，……意定在随，由在数矣，垢浊消灭，心稍清净，谓之二禅也。又除其一，注意鼻头，谓之止也。……诸秽灭矣，昭然心明，踰明、月、珠，……志无邪欲，侧耳靖听，万句不失片言，……谓之三禅。……具照天地人物，其盛若衰，无存不亡，信佛三宝，众冥皆明，谓之四禅也。

　　康僧会以数息、随息等的六妙门，是大乘法，对于四禅，所下的定义界说，也略异于一般的见解。似乎初禅的重点在定力，二、三、四禅，重点在于慧力。

3. 鸠摩罗什（Kumārajīva）——公元四〇一年，到长安，译出了空宗的《大品般若经》、《维摩经》等，奠定了大乘禅法的基础。同时也译出了多种小乘的禅经，例如《禅秘要法经》三卷、《禅法要解经》二卷、《坐禅三昧经》二卷、《思惟略要法》一卷。对于修行禅定的基本方法及其现象，例如数息法、不净观、白骨观等的次第，有很详细的介绍。另有与罗什同一时代来到中国的佛陀跋陀罗（Buddhabhadra），也译出了小乘经，名为《达摩多罗禅经》（*Dharmatara Dhyāna Sūtra*），介绍了六妙门、十六特胜的数息法，以及不净观等。

4. 禅法与道法的影响——中国的道家，以炼丹的方法，增长人体的健康和长寿，佛教初传中国，来自西域的僧侣，大多也将佛教所用的修行方法，译出介绍给中国人，这是为了事实上的需要，如不拿出于人身心有直接利益的方法，光是空讲理论，不能满足多数人的要求。同时，佛教到了中国，也受到道家思想的影响，比如道安（公元三一二—三八五年）的弟子们及罗什的弟子们，大多曾是精通道家而后进入佛教的，因此也运用道家的名词及观念，来说明佛经的义理，并且自由发挥，申论所见的道理，比如道生（公元三五五—四三四年）首倡顿悟之说，对于后来的禅宗有着极大的启发作用。另有传说为僧肇（公元三八四—四一四年）所撰的《宝藏论》的〈广照空有品〉，其论调形式，几乎与老子的《道德经》相类似：

空可空，非真空；色可色，非真色。真色无形，真空无名。……其大也，恍荡无涯。……无形而形，无名而名，物类相感，和合而生，生而不生，其无有情，众谓之圣，众谓之明，种种称号，各任其名，然其实也，以无为为宗，无相为容，等清虚，同太空，究无处所，用在其中。

佛教谓"空"，道家谓"无"，其义本不相同，然在中国的佛教徒们，假用道家的"无"字，说明佛教的"空"义，结果把无字的定义，升格而超越到"空"字之上。后来中国禅宗的风格，大致上是受了这个无字的影响，以无字代表一切的一切，也以无字来解答一切问题，既然是"无"字，当然也无话可说，无相可表，实则又是无一物不是代表着一切，也是无一物不在说明着一切。因此，到了第九世纪的赵州从谂，开出了一个"狗子无佛性"，以禅的立场而言，有与无的执着，都是烦恼心，所以干脆用一个无意味的无字来打发问话的人，走上死路碰上绝壁之后，产生不假思惟的顿悟的效果。

（二）天台宗的禅法

中国的天台宗的佛教，主张教理的认识及禅观（dhyāna-contemplation）的修行并重，颇有类似西藏的宗喀巴格鲁巴派的密宗。天台宗的智颛，依据印度的禅定与止观的内容，首先写了一部《禅门修证》共十卷，接着又仅以其中禅的修行法为主，写了一卷本的《小止观》，最后为了发挥他对于禅观的独到思想，写了一部《摩诃止观》十卷。大致上他的前二书，是讲渐次的修行法，后一种是讲圆顿的修行法。由于《摩诃止观》毋宁是侧重于理论的发挥，依照它来修行的人，可说太少了，倒是《小止观》的内容，简单明了，很受广多修行者的欢喜使用。事实上他也极为重视小乘禅观法中的六妙门的呼吸法。

《小止观》所叙述的内容，分为十章，可列九门如下：

1. 备足坐禅的先决条件：持戒、忏悔、衣食无缺、清净宁静的地方，放下一切事务，要有一位高明的老师指导。

2. 厌离色、声、香、味、触等五欲。

3. 克服贪欲、瞋恚、睡眠、轻浮与悔恼、迟疑不信等的粗重烦恼，不使表现出来。

4. 调和饮食：饮食勿使过量，亦不使饥渴。调理睡眠，勿使睡眠过多，纵在夜间，只有中夜四个小时睡眠即足。调身、调息、调心，三事合用，不可分离。

（1）调身——入坐之前，宜做准备，勿使心浮气粗；入坐之时，宜用半跏坐，身宜正，脊宜直，勿曲勿耸，鼻与脐相对成直线，不偏不斜，不低不仰。主张闭眼。

（2）调息——息者，呼吸时无声、不结、不粗，出入绵绵，若存若亡。坐时守息则心定，若呼吸时有声、结滞不通，出入不细，名为不调，心亦难定。

（3）调心——第一调伏杂乱的心念，第二调伏昏沉瞌睡及浮躁飘动的心态。此宜安心向下，注意力集中肚脐，则心自然安静。然而心不宜急，急则气向上，会引起胸部急痛。然亦不宜太松，否则，心志游漫，或口中涎流，或时暗晦，此时应将全心向下，注意集中在肚脐。

坐前的身、息、心，宜由粗而细。坐完时的身、息、心，宜由细而粗，坐完时，当动心、吐气，微微动身，再动肩、手、臂、头颈，而至两脚。坐后如不运动按摩，细法未散，留住在身，令人头痛，骨节犹如风势，以后坐禅时，则会烦躁不安。

5. 方便行：立志发愿，脱离一切妄想颠倒而得禅定智慧。坚定持戒，专精修定心念。世间虚妄不实，禅定智慧，尊重可贵。筹量世间欲，与禅定智慧乐的得失轻重。一心决定，修行止观。

6. 修止观：

（1）坐中修止观——修定的姿势，以跏趺坐为最好。

（2）历缘对境修止观——坐得劳累之时，虽在其他的一切时地，也当修行。所谓"历缘"者，共有六种，即是行、住、坐、卧、劳动工作、谈话等。均有一定的方法，用来调伏身、口、心。所谓"对境"者，即是，当在眼见色时、耳闻声时、鼻嗅香时、舌受味时、身受触时、意知诸法（事物）时，均有一定的修行方法。

7. 发起善根的现象：由修行而使善根发起的现象，有内及外的两类。

（1）外善根的现象——修行得力之时，气质和思想，均会改变，通常会使修行者自然地发心持戒及布施，孝顺父母及尊敬长辈，供养三宝，读诵经典，听闻佛法。

（2）内善根的现象——由于所修方法的不同，所发生的现象也不同。

①呼吸法的善根现象。如用数息法，而得身心调适，妄念不起，自觉其心，渐渐入定，身心泯然空寂，不见身心相貌。又在定中，忽然发动身心的动、痒、冷、暖、轻、重、涩、滑等八种感觉。如用随息法，则能以其心眼，自见身内诸物，而心大惊喜。这均是欲界或在未到定（初禅之前）中的现象。

②不净观的善根现象。于欲界未到定中，身心虚寂，见男女身体死亡烂坏，甚至悲喜，厌倦所爱的血肉

之躯。若入初禅中，则见自身他身皆不净，惊悟无常，厌离五欲，不着人我。

③慈心观的善根现象。于欲界的未到定中，慈念众生，或观想眷属亲人，内心清净，悦乐不可比喻，乃至缘见一切众生，也是如此。出定后，其心悦乐，不论见到何人，表情经常和蔼可亲。

④因缘观的善根现象。于欲界的未到定中，忽然推寻三世十二因缘，不见人我，离常与断的偏见，心生法喜，不念世事。

⑤念佛观的善根现象。忆念诸佛功德相好，不可思议，广利众生，不可思议，敬爱诸佛之心，油然而生，开发三昧，身心快乐，清净安稳，从禅定中出来后，身体仍很轻软明利。

8.魔事：即是身心与自然环境对于修行者的障碍，《小止观》中特别重视的是各类鬼神对于精勤的修行者，用种种方式来扰乱。大致上都是用的违情恼乱及顺情惑乱的方法与形象，使修行者心生动乱，失去禅定。

9.治病：智颚大师将病因分作：第一，地、水、火、风在人体中的失调而得病；第二，心、肺、肝、脾、肾的不健康而知觉有病。治病之法，分作五类介绍：

（1）以修止的方法治病——将心念安止于病的所在处，即能治病。但能系心于脐下一寸处的丹田，守此经久而不散，常能治病。不问行、住、寝、卧，常将心念系于脚下，能治诸病。若但心想一切诸法（万事万物），空无所有，病从何生，寂然心止，多半也能治病。

（2）以六种气治病——用唇及口，以不同的方式将气吐出；"吹"治寒冷，"呼"治炎热，"嘻"去痛及治风寒，"呵"去烦躁及下气，"嘘"散痰及消满，"呬"补劳。

（3）以十二种息治病——上息治沉重，下息治虚悬，满息治枯瘠，焦息治肿满，增长息治羸损，灭坏息治增盛，暖息治冷，冷息治热，冲息治壅塞不通，持息治战动，和息通治四大不和，补息资补四大衰。如果善于使用十二种息，可治众病；若用之不当，则反增众患。

（4）用假想观治病——例如患冷，假想身中有火气升起，即能治寒冷等。

（5）检查分析身中地、水、火、风四大而治

病——四大本空，身不可得，心中的病亦不可得，故能
治众病。

从以上的介绍之中，大致已可明白，天台宗的修行
方法，仍是印度传统方法的延伸，因其主要的方法，仅
是数息、随息、观身不净、慈心观、因缘观、念佛的功
德与相好。但这些都是非常实用而且是非常基本的方
法。也正由于如此，这一部名为《小止观》的禅定方法
的入门书，很受中国乃至日本佛教徒们的重视，但是也
不容易学通学好。

中国禅宗的禅

中国禅宗，看起来，仅是一个单纯的名词，其实从菩提达摩到达中国以来，并创了禅宗，禅宗却随着时代及地域的不同，它的风格和内容，已有了多次的大变化。根据近世学者的研究，我们知道，中国的禅宗，大致至少有过三次变化：纯禅时代、禅机时代、禅的烂熟时代。

一、纯禅时代

所谓纯禅时代，是指达摩来中国，迄六祖惠能（公元六三八—七一三年）入寂，大约一百九十年之间，有其如次的特色：1.不废弃经典教义，但不死于经句的拘泥，乃在活泼地把捉住佛的精神所在。2.沿用佛教的一般术语，以提携全部的佛法为主眼，未尝企图建立一宗一派的门庭。3.他们有济世化众的悲心，不陷于一般小乘禅者的厌世主义，或闲云野鹤般的自然主义的道家色彩。也不以神异来做号召，固守平实稳健的大乘佛教的精神。4.鼓励坐禅的工夫，尚没有话头可看或公案可参，当然也没有棒打及吆喝的方法。现在介绍纯禅时的禅师如下：

（一）菩提达摩

菩提达摩，教人悟道的方法，有二门：

1.由教理的认识而起深刻的信心，相信一切众生，都同具一个真性，若能面壁修行，舍除妄想即归真性，便会发现凡夫与圣人，原来没有分别。

2.由修四种方法，悟得真性：（1）受苦报时，不起怨心，但念此是往昔生中对众生所造的怨憎违害的恶因所感。（2）若受福报及荣誉等事，心念此是过去世中德业所感，今天接受，等于从银行中将存款提来应急用掉，何喜之有。（3）修行者当常心想，三界如火宅，有身便有苦，无有究竟安乐处，故应不但无贪无求，更当舍诸所有。（4）修行者的心应当常与诸法的

真性相应，真性无染无着，无此无彼，称法而行者，当
不吝惜身命财产，发布施心，化导众生而不以有众生被
己所度。此为自行，亦能利他，亦能庄严菩提之道的
方法。

（二）傅翁

傅翁（公元四九七—五六九年）与达摩同是梁武帝
时代的人物，有人说，他可能受了老庄所说"无为而无
不为"的思想形式的暗示，故在他的语录中，常有将矛
盾的两种意思，合而为一句话的例子，比如他说："真
照无照"、"一心非心"。"寂灭性中无有灭，真实
觉中无觉知。""空手把锄头，步行骑水牛，人从桥
上过，桥流水不流。""猛风不动树，打鼓不闻声，
日出树无影，牛从水上行，……修道解此意，长伸两
脚眠。""无明即是佛，烦恼不须除。"又在他的名
作〈心王铭〉之中，表示了即心即佛的思想："心王
亦尔，身内居停，面门出入，应物随情，自在无碍。
所作皆成，了本识心，识心见佛，是心是佛，是佛是
心。……慕道之士，自观自心，知佛在内，不向外寻。
即心是佛，即佛即心；心明识佛，晓了识心；离心非

佛，离佛非心。"

（三）道信

禅宗的第四祖道信（公元五八〇—六五一年）的禅思想，在《景德传灯录》的〈法融章〉中，可以见其梗概："一切烦恼业障，本来空寂；一切因果，皆如梦幻；无三界可出，无菩提可求；人与非人，性相平等；大道虚旷，绝思绝虑，……汝但任心自在，莫作观行，亦莫澄心，莫起贪瞋，莫怀愁虑，荡荡无碍，任意纵横，不作诸善，不作诸恶，行、住、坐、卧，触目遇缘，总是佛之妙用。"这便说明了中国的禅，是以不用任何方法，只要一切不用心向外缘，不做分别，当下便是佛性的显现。

（四）法融

牛头山的法融（公元五九四—六五七年），是四祖道信的弟子。从他的〈心铭〉中，可以见到他的禅法，多用排遣，洒脱自在，不假功用的，例如他说："一切莫作，明寂自现，前际如空，知处迷宗，分明照境，随照冥蒙，一心有滞，诸法不通。……将心守静，犹未离病，生死忘怀，即是本性。……分别凡圣，烦恼转盛；计校乖常，求真背正；双泯对治，湛然明净；不须功巧，守婴儿行。……菩提本有，不须用守，烦恼本无，不须用除。……一切莫顾，安心无处，无处安心，虚明自露，寂静不生；放旷纵横，所作无滞，去住皆平，慧日寂寂，定光明明；照无相苑，朗涅槃城。"他认为：求定亦是缚，念生是无明，作佛亦是病。可见他是以扫除一切为修行禅的方法。

（五）惠能

禅宗的第六祖惠能（公元六三八—七一三年）以后，由于南方的顿悟与北方的渐悟之争的结果，南方一系，日趋于鼎盛，所以惠能被尊为顿悟法门的开山祖师而大大地有名，当然，更由于他有一部《六祖坛经》留传于世，乃是受重视的原因。他的思想，即在《六祖坛经》之中告诉了我们：

1. 一物是何物——惠能一日向大众发问："吾有一物，无头无尾，无名无字，无背无面，诸人还识否？"

2. 知自心识自性——他说："无上菩提，须得言下识自本心，见自本性，不生不灭，于一切时中，念念自见万法无滞，一真一切真，万境自如如，如如之心，即是真实。"

3. 惠能闻"无住生心"而大悟——五祖弘忍独为惠能说《金刚经》，至"应无所住而生其心"之句，惠能于言下大悟，悟见万法不离自性。

4. 见性成佛与即心即佛——自性又是如何模样呢？他说："菩提自性，本来清净，但用此心，直了成佛。"这便是直指人心、见性成佛的思想。因此又说："凡夫即佛，烦恼即菩提。前念迷即凡夫，后念悟即佛；前念著境即烦恼，后念离境即菩提。"这里所说的心，是真实明净的智慧，不是分别执着的妄想。这里所说的性，是与万物同体，本来清净的佛性，不是各类分割的个性。

5. 一相三昧与一行三昧——何谓一行三昧？即是惠能教人："于一切处，而不住相，于彼相中，不生憎爱，亦无取舍，不念利益成坏等事，安闲恬静虚融澹泊，此名一相三昧；若于一切处，行、住、坐、卧，纯一直心，不动道场，真成净土，此名一行三昧。"又说："一行三昧者，于一切处，行、住、坐、卧，常行一直心是也，《净名经》（即是《维摩经》）云：'直心是道场，直心是净土。'"

6. 见性与禅定 —— 惠能说："唯论见性，不论禅定解脱。"重视开悟见性，不谈论禅定解脱，这是说明了中国禅宗，注重智慧的见地开发，不注重修禅定来达成解脱生死苦恼为目的。惠能教人修行的方法，非常简单而又实际，若人能够保持绝对的直心或不动心，当下便有见性的因缘来迎。例如他教一位本来想要抢夺他的祖衣的惠明说："汝既为法而来，可屏息诸缘，勿生一念，吾为汝说。"明良久，惠能云："不思善，不思恶，正与么时，那个是明上座本来面目？"惠明言下大悟。因此，他对坐禅的解释，也与传统的佛教不同，他说："心念不起，名为坐，内见自性不动，名为禅。"又说："道由心悟，岂在坐也。"

二、禅机时代

六祖惠能之后，一变纯朴的风格，棒打及喝骂的机用大行。所谓机用，是指因时地不同及师对弟子间的启发方式不同而言，不讲基本的佛教理论，也不谈戒、定、慧的三原则，乃是直接用紧逼的方式，或挥拳、或脚踢、或毒骂、或用矛盾语、或用无意味语，来点出戳破修行者的我见——我慢、我贪、我瞋、我疑、我所知与无知等的心理障碍，以到达悟的境地。可见，所谓禅机，是灵活运用不拘一定形式的动作和语句，使得修行者，得到禅的功能——智慧的显现。

禅机大行的时间，是从惠能入寂，以迄五代的末期（公元九五九年为五代的最后一年），大约二百五十年的期间，禅宗的大师辈出，由六祖门下的大弟子们，渐渐地辗转相传，形成了五家不同风格的宗派。迄近世仍在流行的临济及曹洞的两派的禅宗，即是发源在这个禅机的时代。

在这期间，值得介绍的禅宗祖师，实在太多，本文仅能做一点抽样性的叙述。

（一）用棒、竖拂、扬眉张目、示圆相、用喝之始

1.《六祖坛经》中叙述到惠能曾用柱杖，打了沙弥神会三下，问他："我打你，痛不痛？"用来测验神会，是否已懂了"无住"即是"本来"面目的道理。此为禅宗用棒之始。

2.《景德传灯录》卷五，"行思"条中，记述惠能

的弟子行思，两问其弟子希迁："你从哪儿来？"希迁两答："从曹溪来。"行思便竖起拂子再问："曹溪有这件东西吗？"希迁说："没有。"行思结语："可不是吗？曹溪和印度传来的什么心法，也都是没有的啦！"此为禅宗用拂之始。拂子是用来拂除家具上尘土及蚊蝇虫蚁等的一种清扫工具。

3.《景德传灯录》卷四，惠能的弟子"慧安"条中，记述着慧安曾以眼睛的开合，回答有人问他："什么是达摩祖师从西方的印度，传到中国来的东西？"这个问题。

4.《景德传灯录》卷五，"慧忠"条中说："师见僧来，以手作圆相，相中书日字。"同书卷四的"道钦"条中说："马祖令人送书到，书中作一圆相，师发缄，于圆相中作一画，却封回。"

5.《景德传灯录》卷六，"怀海"条中记述：惠能的法孙马祖道一（公元七〇九—七八八年），与其弟子百丈怀海问答之时，曾大喝一声，使得怀海耳聋三日。

也可以说，禅机之风，创始于惠能，大成于道一，盛行于第八、第九世纪之世。禅宗的真精神，即在此一时代，禅宗的伟大祖师们，也多活跃于此一时代，本文无法逐一介绍，仅能选取如下的数位祖师，做为一窥禅宗风貌的代表人物。

（二）祖师的禅风

1. 石头希迁（公元七〇〇—七九〇年）的禅——

（1）不论禅定：《景德传灯录》卷十四云："希迁一日上堂说：'吾之法门，先佛传授，不论禅定精进，达佛之知见，即心即佛。心、佛、众生、菩提、烦恼，名异体一。汝等当知，自己心灵体，离断常，性非垢净，湛然圆满，凡圣齐同，应用无方，离心、意、识。三界六道，唯自心现。水月镜像，岂有生灭。'"

（2）自缚、自垢、自生死：《景德传灯录》卷十四又说："有僧问希迁：'如何是解脱？'他反问：'谁缚汝？'另有僧问希迁：'如何是净土？'他反问：'谁垢汝？'又有僧问希迁：'如何是涅槃？'他反问：'谁将生死与汝？'"

2. 马祖道一（公元七〇九—七八八年）——这是禅宗史上的一位奇人，他门下的法将，有一百多位。他的禅风，往往权变自在，应化无方。他主张心外无佛，自心是佛，佛外无心，不取善舍恶，不观空入定，以平常心是道，行、住、坐、卧是道。一切法皆是佛法，不假修道，不用坐禅。他的禅机极多，例如：

（1）打着：僧问："如何是祖师自西方传来之意？"马祖便打，并说："我若不打汝，诸方笑我也。"

（2）画地：有僧于马祖前作四画，上一长下三短，问曰："不得道一长三短，离此四字外，请和尚答。"马祖乃画地一画，说："不得道长短，答汝了也。"

（3）蹋着：洪州水老和尚初参马祖："如何是西来的意？"马祖说："礼拜着。"水老和尚才礼拜，祖便与一蹋。

（4）马祖道一门下的禅机：由于马祖门庭广大，弟子众多，龙象辈出，所用禅机，也是层出不穷，例如道明禅师的吐舌、百丈卷掉马祖面前的礼拜席、麻谷掀禅床、宝彻翘足、智常斩蛇、智常弹指、智常举拳、南泉斩猫等。

（5）马祖道一的即心即佛：《景德传灯录》卷六云："江西道一禅师，……一日谓众曰：汝等诸人，各信自心是佛，此心即是佛心。……若了此心，乃可随时

着衣吃饭，长养圣胎，任运过时，更有何事。"又于
《马祖道一禅师广录》云："僧问如何修道？曰道不属
修，若言修得，修成还坏，即同声闻；若言不修，即同
凡夫。……自性本来具足，但于善恶事上不滞，唤作修
道人。……一念妄想，即是三界生死根本。……道不用
修，但莫污染。……若欲直会其道，平常心是道。……
如今行住坐卧，应机接物，尽是道。……不假修道坐
禅，不修不坐，即是如来清净禅。"

3. 南阳慧忠（公元六七五—七七五年）的禅风——
他批评马祖的即心即佛义："菩提涅槃，真如佛性，名
异体同；真心妄心，佛智世智，名同体异。缘南方（道
一等）错将妄心言是真心，认贼为子。"（《景德传灯
录》卷二十八）

4. 百丈怀海（公元七二〇—八一四年）的禅风——
怀海是道一的弟子，机用也颇与道一类似，未创什么新
义。他对禅宗的贡献，与其说是在于思想，毋宁说是在
创立了丛林制度，使得禅僧脱离了律宗的寺院，仍能度
其清净的修道生活，建立了独立的禅寺，并且以"一日
不作、一日不食"的名言做为禅僧的生活标榜，此与律
僧之不得耕种的生活方式，大异其趣。

5. 南泉普愿（公元七四八—八三四年）的禅风——他是道一的入室弟子，但他以为道一所倡的"即心即佛"之说，不过是一时间权巧之说，不过是空拳黄叶，用来止住婴儿的啼泣之说。他主张："不是心，不是佛，不是物。"他以为："大道无形，真理无对，所以不属见闻觉知。"禅者的大事，便是如何悟入这个大道。

6. 庞蕴居士——通称庞居士，字道玄，他的生殁年龄不详，他曾参访石头希迁及马祖道一，均以"不与万法为侣者是什么人？"的一句话请示，希迁用手掩庞氏之口，使之豁然有省；道一答以："待汝一口吸尽西江水，即向汝道。"使他言下大悟。他的女儿灵照，以卖竹漉篱为生活，一日，庞居士知死期已至，命女儿出户看时间，女儿出去看了看，进门说："日已中正，但有日蚀。"庞居士不相信，出户观看时，灵照却坐上其父的座位，合掌端坐而亡。庞氏见状，笑说："我女锋捷矣。"因此使他晚死七天。他的思想，是以空寂无相为宗旨，例如他说："楞伽宝山高，四面无行路，唯有达道人，乘空到彼处。……一切若不空，苦厄从何度？"又说："家内空空空，空空无有货；日在空里行，日没空里卧；空坐空吟诗，诗空空相和；莫怪纯用空，空是诸佛座；世人不别宝，空即是实货。"又说："无贪胜布施，无痴胜坐禅，无瞋胜持戒，无念胜求缘。""无求真法眼，离相见如来。""任运生方便，皆同般若船。"这是从体悟了空理之后的身心活动，无一处、无一时、无一事，不是与戒、定、慧三学相应的无边功德。他有一个男不婚、女不嫁、赤贫如洗的家庭，比如他说："自身赤裸裸，体上无衣被。""富贵心不缘，唯乐箪瓢饮，……饥食西山稻，渴饮本源泉，寒披无相服，热来松下眠。"因此而能"更莫忧盗贼，逍遥安乐睡"。总之，庞居士是一位带有浓厚的自然主义色彩的禅者。

7. 药山惟俨（公元七五一——八三四年）——这是石头希迁及马祖道一的弟子。有一天石头希迁见他静坐，便问他："做什么？"他说："不为一物。"又问："怎么可在此闲坐呢！"他答："若闲坐则为了。"希迁再问："你说不为，又不为个什么？"他答："千圣亦不识。"

又有一次惟俨在打坐，有僧问他："兀兀地思想个什么？"他回说："思量个不思量底。"僧又问："不思量底又如何思量？"他说："非思量。"可见惟俨的禅风，相当孤峻。

惟俨一日正在看经，僧问："和尚寻常不许人看经，为什么却自看？"他答："我只图遮眼。"僧再问："像我这样的人能够学和尚吗？"惟俨的开示是："一般人只向纸背上记持言语，多被经论惑，我不曾看经论策子。"可见他是反对对经论做入海算沙式的研究的人，他是把一切经教当作自家药箱中物的人。

后来中国的宋明理学家中，陆象山与王阳明，多少均与禅思想有关而倾向于佛教，其主要渊源是李翱参访了药山惟俨，作《复性书》三篇，大旨与禅同调，给了后来的儒家学者很大的影响。李翱初访惟俨，即问："何谓道耶？"惟俨不说话，只以手指上下，然后反问李翱："会吗？"李翱说："不会。"惟俨告诉他："云在青天水在瓶。"这是用的平常话，说的平常事，却使李翱获益良多。

8.圭峰宗密（公元七八〇—八四一年）的禅思想——宗密是华严宗第四祖清凉澄观（公元七三八—八三九年）的弟子，故被称为华严宗的第五祖，但他又是禅宗第七代祖荷泽神会的门下传人，所以他既是一位博通经典教义的大学问家，也是一位禅的大实践家。他将禅的修行，一分为五等：

（1）外道禅：带有异端邪见思想而修，并且有欣求向上，厌弃向下之心者。

（2）凡夫禅：正确地相信因果，也以欣上厌下之心而修者。

（3）小乘禅：悟得我空之理，出生死界而修者。

（4）大乘禅：悟得我空及法空之理，既入涅槃而又不厌离生死者修之。

（5）最上乘禅：若顿悟自心，本来清净，元无烦恼，无漏智慧之性，本来具足，此心即是佛，毕竟不异，依如此心境而修者，为最上乘禅；又名为如来清净禅、一行三昧、真如三昧，乃是一切三昧的根本。若念念修习，自然渐得百千三昧。他说："达摩门下，展转相传者，是此禅也。达摩未到，古来诸家所解，皆是前四禅八定，诸高僧修之，皆得功用。南岳（慧思）、天台（智颛），令依（空、假、中）三谛之理，修三止三观，教义虽最圆妙，然其趣入门户次第，亦只是前之诸禅行相，唯达摩所传者，顿同佛体，迥异诸门。"（〈禅源诸诠集都序〉卷上一）

宗密又将禅的流类，区分为三宗：

（1）息妄修心宗：远离愦闹，闲静处坐，心住一境，止息妄念，若妄尘尽，即可明鉴佛性。他说此如北宗诸禅师，以及牛头法融、天台智颚等所修的方便之门。

（2）泯绝无寄宗：一切诸法，本来空寂，法不须修，佛不须作。本来无事，心无所寄，方免颠倒，始名解脱，此如石头希迁等，皆示此理。

（3）直显心性宗：此又有二门：①一切言语动作、善恶苦乐等，皆是佛性。本来是佛，天真自然。道不须修，恶不须断，任运自在，方名解脱。②妄念本寂，尘境本空，空寂之心，灵知不昧，即是真性，寂知、知寂，无念是宗。此二门皆是会相归性，故同一宗，如荷泽神会的禅即是。宗密也著有〈坐禅法〉一种，收于《圆觉经修证仪》卷十七、十八。大致是与智颚的《释禅波罗蜜次第法门》及《小止观》相似，别无创见。

宗密的思想，与《圆觉经》及《大乘起信论》有密切的关系，故以唯一的真心为万法的总体和根本。

9.黄檗希运（唐宣宗大中年间，公元八四七一八六○年殁，年龄不详）——他是百丈怀海的弟子。有一日，百丈怀海问希运："你从什么处来？"希运回说："大雄山下采菌子来。"怀海再问："见到老虎么？"希运便做虎啸声；怀海拈起斧子做砍状，希运便给怀海一掌，怀海吟吟而笑，即归。上堂开示说："大雄山下有一虎，你们诸人也须好好注意，我百丈老汉，今天亲被咬了一口。"他虽未见到马祖道一，但于道一的大机大用，已经领会，所以怀海非常器重他，他说："纵然有人虽见解齐于你，亦减你德的一半。"裴休在《传心法要》的序中，评希运为："其言简，其理直，其道峻，其行孤。"这也正是禅者的风范。

（1）希运提倡"一心即佛"之义：《传心法要》中说："诸佛与一切众生，唯是一心，更无别法。此心无始已来，不曾生，不曾灭，不青不黄，无形无相。……超过一切限量、名言、纵迹、对待，当体便是，动念即乖。……但是众生，著相外求，求之转失，使佛觅佛，将心捉心，穷劫尽形，终不能得，不知，息念忘虑，佛自现前。"又云："如今学道人，不悟此心体，便于心上生心，向外求佛，著相修行，皆是恶法，非菩提道。"又云："世人不悟，祇认见闻觉知为心，为见闻觉知所覆，所以不覩精明本体，但直下无心，本体自现。"又云："学道人，若欲得成佛，一切佛法总不用学，唯学无求无著；无求即心不生，无著即心不灭。不生不灭即是佛。"又云："迷自本心，不认为佛，遂向外求觅，起功用行，依次第证，历劫勤求，永不成道，不如当下无心。"

（2）临命终时的用心法：希运为裴休说有临命终时的用心方法，与修净土法门者略异："凡人临欲终时，但观五蕴皆空，四大无我，真心无相，不去不来。生时性亦不来，死时性亦不去，湛然圆寂，心境一如，但能如是，直下顿了，不为三世所拘系，便是出世人也。切不得有分毫趣向：若见善相，诸佛来迎，及种种现前，亦无心随去；若见恶相，种种现前，亦无心怖畏，但自忘心，同于法界，便得自在。此即是要节也。"

（3）希运目中无禅师：希运批评马祖道一的门下，虽然号称有八十四人，但以希运看来，仅三、两人得到马祖的正法眼，故又曾对大众说："汝等诸人，尽是噇酒糟汉，恁么行脚，何处有今日，还知大唐国里无禅师么？"并且批评牛头法融，纵然是"横说竖说，犹未知向上关捩子"。因为法融的禅，堕在"空"里，尚难有大机大用的作为。

10. 德山宣鉴——他是龙潭崇信的弟子，崇信则是天皇道悟的法嗣，道悟乃是石头希迁的法嗣。宣鉴悟道的经过是这样的：

有一晚，宣鉴侍立在崇信的室内，崇信说："夜已深，怎么还不下去？"宣鉴卷帘向外，见外面黑暗，又折回来说："外面黑。"崇信点亮了纸灯给宣鉴，正当宣鉴用手接灯，崇信便把纸灯吹熄，宣鉴因此大悟，便作礼。

又有一日，宣鉴去见沩山灵佑，来到法堂，从东至西，从西到东，看了一遍，便说："无也、无也！"便走出去了，到了门口，又折回来说，不得如此草草，当具威仪，再入相见。才跨进门，提起坐具，便唤"和尚"，灵佑拟取拂子，宣鉴便是一声喝，拂袖而出。沩山于当晚便向大众宣称："此子已后向孤峰顶上，盘结草庵，呵佛骂祖去在。"

（1）无心无事：宣鉴的确非同常人，他多以棒打接引后学，并以菩萨比作担屎汉，唤佛为老胡屎橛。反复地宣说他"无心、无事"即是禅的主张，例如他曾开示大众："诸子，莫向别处求觅，乃至达磨小碧眼胡僧，到此来，也只是教你无事去，教你莫造作，着衣、吃饭、屙矢、送尿。更无生死可怖，亦无涅槃可得，无菩提可证只是寻常，一个无事人。"

（2）诃佛骂祖：这是一种破除经教名相、知见执着的方法，试看宣鉴的用语，极尽锋厉之能事。

比如他说："这里佛也无，祖也无，达磨是老臊胡，十地菩萨是担屎汉，等、妙二觉是破戒凡夫，菩提涅槃是系驴橛，十二分教是鬼神簿、拭疮疣纸，四果、三贤、初心、十地，是守古冢鬼，自救得也无，佛是老胡屎橛。"

"仁者，莫求佛，佛是大杀人贼，赚多少人，入淫魔坑；莫求文殊、普贤，是田库奴！""到处向老秃奴口里，爱他涕唾吃，便道我是入三昧，修蕴积行，长养圣胎，愿成佛果。如斯等辈，德山老汉见，似毒箭入心。"

"诸子！老汉此间无一法与儞诸子作解会，自己亦不会禅，老汉亦不是善知识，百无所解，只是个屙屎、送尿、乞食、乞衣。"

（3）一切放下：宣鉴教人用功的方法是："莫用

身心，无可得，只要一切时中，莫用他声、色，应是从前行履处，一时放却，顿脱羁锁，永离盖缠。一念不生，即前后际断，无思无念，无一法可当情。"

11. 临济义玄（公元？—八六七年）——义玄是黄檗希运的法嗣，是临济宗的第一代祖师，他的门风，与德山宣鉴非常类似。

（1）义玄吃了三顿棒：他依止黄檗希运，经三年，便受第一座陈尊宿劝告，去向希运请问："如何是佛法的大意？"但是他的话声未了，便挨希运一顿打，陈尊宿令他再去问，结果又挨了一顿打，如此，问三次，挨打三次。他觉得和尚打他，必有深义，但他自恨障缘太重，不能领悟，所以向希运告辞他去，希运告诫他，只许到马祖道一的嫡法孙大愚禅师处去。他问大愚："我义玄三度问佛法的大意，三度吃棒，不知我义玄有过无过？"大愚听了，便对义玄说："黄檗恁么老婆，为汝得彻困，更来这里问有过无过！"义玄听了，便于言下大悟，而说："黄檗佛法无多子。"大愚问他："见了什么道理？"他竟在大愚胁下击了三拳。回到黄檗希运处，说明了经过情形，希运说："大愚老汉饶舌，待来痛与一顿（打）。"义玄则接着说："说甚待来，即今便打。"随后便给希运一掌。由于这样的开端，使得义玄的宗风，活用禅机，棒喝并行，大有龙腾虎贲的气象。例如《天圣广灯录》卷十关于义玄，有如下的记载：

师问僧："什么处来？"僧便喝。师便揖坐，僧拟议，师便打。

师见僧来，便竖起拂子，僧礼拜，师便打。又见僧来，亦竖起拂子，僧不顾，师亦打。

其他，义玄诃佛骂祖，抨击诸方宗师无禅可学，主张无事休歇等点，均与宣鉴雷同。

（2）临济四喝：常说德山的棒、临济的喝，他用"喝"的道理也各有不同：

师问僧："有时一喝如金刚王宝剑，有时一喝如踞地金毛师子，有时一喝如探竿影草，有时一喝不作一喝用。汝作么生会？"僧拟议，师便喝。

可知一喝之中，有死有活，有擒有纵，何止是宝剑与狮子，应该是有喝有用，千喝千用。如是瞎眼禅师，东施效颦，胡喝乱用，便要被义玄骂为"不识好恶的秃奴"了。

12. 洞山良价（公元八〇七—八六七年）——良价

及其弟子曹山本寂（公元八四〇—九〇一年），曹洞宗的创始者。良价的禅风，虽不行棒，却能以一句话将人问杀；虽不放喝，却能以一言破众魔之胆。他以体用宛转，事理双明，森罗万象，而见古佛之家风，坐、卧、经行，蹈绝对之玄路。以潜行密用，如愚如鲁的主中之主，为其修行要诀。他参云岩山的昙晟，闻"无情说法"之义而大悟，悟后有诗："也太奇也太奇，无情说法不思议，若将耳听终难会，眼处闻时方得知。"良价的思想，见于他的〈玄中铭〉及序，序中有云：

> 窃以绝韵之音，假玄唱以明宗；入理深谈，以无功而会旨，混然体用宛转偏、圆，亦犹投刃挥斤，轮扁得手，虚玄不犯，回互傍参。寄鸟道而寥空，以玄路而该括。然虽空体寂然，不乖群动。于有句中无句，妙在体前；以无语中有语，回途复妙。是以用而不动，寂而不凝。清风偃草而不摇，皓月普天而非照。

铭文极具文艺手笔，道出他的所见，比如"大阳门下日日三秋，明月堂前时时九夏。""露地白牛牧人懒放，龙吟枯骨异响难闻；木马嘶时何人道听，夜明帘外古镜徒耀。""举足下足鸟道无殊，坐卧经行莫非玄路。""先行不到末后甚过，没底船子无漏坚固。"等句，均是极高禅境的表现。

良价尝说："我有三路接人：鸟道、玄路、展手。"鸟行于空，所以其道无迹可循。玄路是指玄中之玄（〈玄中铭〉序有言：用而无功，寂而虚照，事理双明之意谓之玄），主中之主的向上一路。展手是展开双手接引学者，直入不生不灭的甘露门。可见其宗风，与临济义玄颇不相同。

13. 赵州从谂（公元七七八—八九七年）是南泉普愿的弟子，自幼出家，沙弥时代即受普愿器重，八十岁，始住山东直隶的赵州城东观音院，生活枯淡，住院四十年，未尝有一封信将他的清苦告知檀信。

（1）三种态度接见访客：《景德传灯录》卷十载，有一天真定府的元帅王公来访，从谂坐在禅床说："自小持斋身已老，见人无力下禅床。"王公更加礼重。第二天王公令其部将前来传话，从谂却下禅床来接待。等传话的人走了后，侍者问他："和尚见大王来，不下禅床，今日军将来，为什么却下禅床？"从谂答称："这不是你能知道的，第一等人来，禅床中接待；中等人来，下禅床接待；末等人来，三门外接待。"

（2）不二之大道：据《古尊宿语录》卷十三所载，有如下数条，可以见到从谂的思想：

问："如何是佛，如何是众生？"师云："众生即是佛，佛即是众生。"

上堂云："此事如明珠在掌，胡来胡现，汉来汉现。老僧把一枝草作丈六金身用，把丈六金身作一枝草用。佛即是烦恼，烦恼即是佛。"

师示众云："未有世界，早有此性，世界坏时，此性不坏。"僧问："如何是此性？"师云："四大、五蕴。"云："此犹是坏底，如何是此性？"

师云："四大、五蕴。"

（3）狗子无佛性：根据"一切众生皆有佛性"的原理，狗子当然也有佛性，故当马祖的弟子之一，兴善惟宽（公元七五五—八一七年）被问到狗子有没有佛性时，他说有，相反地倒说他自己无佛性，因为他说他亦非一切众生、亦不是物。赵州常用"无滋味语"答人所问，比如有人问他："万法归一，一归何处？"他答："我在青州作一领布衫，重七斤。"又有人问他："如何是祖师西来意？"他答："庭前柏树子。"另有人问他："狗子也还有佛性吗？"他说："无。"

"无"字本来与般若的空义相通，早为佛教所用，赵州从谂也没有特别发挥"无"字的功能，从谂之后约二百年，五祖法演（公元一〇二四——一一〇四年）的语录中，才初见"赵州无字"的公案，在这之先的公案集子如汾阳善昭（公元九四七——一〇二四年）的"先贤一百则"，以及雪窦重显（公元九八〇——一〇五二年）的"百则颂古"，均未见到赵州的无字公案。可是到了大慧宗杲（公元一〇八九——一一六三年），极力推崇"赵州无字"。无门慧开（公元一一八三——一二六〇年）所集的《无门关》，共收四十八则公案，其开头第一则，便是"赵州无字"。相信这是由于他们经验到了参"无"字公案的效果快速而力量强大之故。

三、禅的转变

唐末以后，中国的禅宗，已发展到了熟透的程度，由于如永明延寿（公元九〇四—九七五年）之以一百零八件行持为其日课，倡导持咒、念佛、礼佛、忏悔、行道、诵经等，综合诸种修持，相对地反而偏轻了坐禅。于是，华严宗的圆融妙谛，成了禅思想的中心，此一圆融的观念，便推动了禅净一致、显密同源的思潮。

从此，事相的细节，渐受重视，大道的全体倒被忽略了，例如汾阳善昭所设的三诀、三句、三玄三要、四喝、四转语、四宾主、五位、六相等闲家具，都是些不相干的繁琐之见。又有古则或公案的讽咏吟诵，也是发起于善昭的"先贤一百则"，使人从古则公案中，茫茫然、漠漠然地，捕捉古人的悟境。禅宗本以自心即佛，只向内用工夫，空去妄想执着，当下便是，此时则参禅念佛，求生净土，作净土观；又兼行持诵〈大悲咒〉、〈尊胜咒〉等，以求灵验感应。参禅者，多落于扮演而少实修实证，只知依样画葫芦似地模仿着左喝右棒，竖拳举拂，张口扬眉。往往是言超佛祖之上，行堕禽兽之下。所以真正的禅宗精神，已不多见。因此到了南宋时代，便有公案禅与默照禅之争议产生，乃是为了挽救时弊而起的禅宗复兴运动。

四、公案禅与默照禅

　　"公案"与"默照"，是两种修行的方式，前者多用逼、用考、用口喝、用棒打；后者重视默然不动而又历历分明。故也可说，"公案"禅多用紧迫工夫，把学生逼得走投无路，而又非走不可；无开口处，而又非让你开口不可。所以参"公案"，大多是教学生起大疑情，把妄想杂念，通通逼进死巷子里，然后一网打尽。至于用"默照"工夫，多用松弛、用明晰，把妄想杂念，全部沉淀下去，使得心头平静如镜，清明如月，沉寂如潭。这两种方式，古来虽分临济的公案，与曹洞的默照，其实，佛法是修道者的公器，从来没有人向谁申请过专利权，只要谁能用它，专用一种或兼用两种，没有谁说不可以的。现在依据古典中所论及的"公案"和"默照"的内容及含义介绍如下：

（一）公案禅
　　1.《天目中峰和尚广录》卷十一之上：

　　　　公案乃喻公府之案牍。……夫佛祖机缘，目

之曰公案亦尔，盖非一人之臆见，乃会灵源、契妙旨、破生死、越情量、与三世十方百千开士同禀之至理也，且不可以义解、不可以言传、不可以文诠、不可以识度。如涂毒鼓，闻者皆丧；如大火聚，婴之则燎。故灵山谓之别传者，传此也，少林谓之直指者，指此也。

2.《碧岩录》的〈三教老人序〉有云：

尝谓祖教之书，谓之公案者，倡于唐而盛于宋，其来尚矣。二字乃世间法中吏牍语。其用有三：面壁功成，行脚事了，定槃之星难明，野狐之趣易堕，具眼为之勘辨，一呵一喝，要见实诣，如老吏据狱谳罪，底里悉见，情欵不遗，一也。其次则岭南初来，西江未吸，亡羊之岐易泣，指海之针必南，悲心为之接引，一棒一痕，要令证悟，如廷尉执法平反，出人于死，二也。又其次则犯稼忧深，系驴事重，学奕之志须专，染丝之色易悲，大善知识，为之付嘱，俾之心死蒲团，一动一参，如官府颁示

条令，令人读律知法，恶念才生，旋即寝灭，
三也。

（二）看话禅

此即是公案禅的另一个名称，又叫作"看话头"。
起源于临济宗下的大慧宗杲，宗杲先学曹洞，后学临
济，结果，他对于曹洞宗的"默照禅"，极为不满，而
评为"默照邪禅"。所谓看话，是从一个个的公案，来
勘验修道者的见地程度，公案中的前人对话，均有不同
的修证层次，从公案的表面看，和说明公案的内容，是
多余的，要看公案中的主题的内涵是什么，才是看话工
夫的目的。所以，在未得亲自悟透之前，公案仅是一种
工具，悟透之后，才能发现其活活泼泼的精神所在。
亲自悟透禅宗祖师们的过去发生过的开悟的案例，用知
识的推理或想象，不能达成目的，必定要对公案中的话
题，起大疑情，只发问而不能自行以推理方式来求取答
案。根据大慧宗杲的自述，关于看话禅的功用是："但
将妄想颠倒底心、思量分别底心、好生恶死底心、知见
解会底心、欣静厌闹底心，一时按下，只就按下处，看
个话头。僧问赵州，狗子还有佛性也无？州云无。此一

字子，乃是摧许多恶知恶觉底器仗。"

宗杲于抨击"默照邪禅"的同时，提倡了"狗子"、"佛性"等看话头的用功方法，以看话头来摧破思虑情识，使得修行者在突然间，达到大悟彻底、平等一如、不即不离的自在境界。到了中峰明本（公元一二六三——一三二三年），经常所提的话头是：麻三斤、柏树子、须弥山、平常心是道、云门顾、赵州无等。据《天目中峰和尚广录》卷一之下云："或谓传灯录，一千七百单一人，皆是言外知归，迎刃而解，初不闻有做工夫看话头……谓看话头做工夫，固是不契直指单传之旨，然亦不曾赚人落草，最是立脚稳当，悟处亲切。纵使此心不悟，但信心不退不转，一生两生，更无不获开悟者。"

因此，更有人主张："抱定一句话头，坚挺不移，若不即得开悟，临命终时，不堕恶道，天上人间，任意寄居。"

可知，看话头、参公案，乃是禅宗的利器，在中国的南宋以后的禅宗诸祖，大抵多用此法，所谓"参禅"二字，即从看话头、参公案的方法而来。

（三）默照禅

默照禅的禅风，倡自曹洞宗下的宏智正觉（公元一〇九一——一一五七年），他与主倡看话禅的大慧宗杲，活跃于同一个时代，而且旗鼓相当。后来由道元禅师传去日本的"只管打坐"的方法，即是承袭了默照禅的遗风。根据《宏智禅师广录》卷八所收〈默照铭〉，看到默照禅的内容是这样的：

默默忘言，昭昭现前；鉴时廓尔，体处灵然；灵然独照，照中还妙；露月星河，雪松云峤；晦而弥明，隐而愈显；鹤梦烟寒，水含秋远；浩劫空空，相与雷同；妙存默处，功忘照中；妙存何存，惺惺破昏；默照之道，离微之根；彻见离微，金梭玉机；正偏宛转，明暗因依；依无能所，底时回互；饮善见药，擂涂毒鼓；回互底时，杀活在我；门里出身，枝头结果；默唯至言，照唯普应；应不堕功，言不涉听；万象森罗，放光说法；彼彼证明，各各问答；问答证明，恰恰相应；照中失默，便见侵凌；证明问答，相应恰恰；默中失照，浑成剩

法；默照理圆，莲开梦觉；百川赴海，千峰向
岳；如鹅择乳，如蜂采花；默照至得，输我宗
家；宗家默照，透顶透底；舜若多身，母陀罗
臂；始终一揆，变态万差；和氏献璞，相如指
瑕；当机有准，大用不勤；寰中天子，塞外将
军；吾家底事，中规中矩；传去诸方，不要赚
举。

其实，静坐时用默照的工夫，与把头脑变成一片空
白的情形，完全不同，如果是落于呆若木鸡似的静态，
固然是"默"了，但却没有"照"的作用。所以，默照
与天台的止观相类似，与禅宗第三祖僧璨的〈信心铭〉
所言："绝言绝虑，无处不通；归根得旨，随照失宗；
须臾返照，胜却前空。"的宗旨相通。也与永嘉玄觉
（公元六六五—七一三年）在〈奢摩他颂〉之中所说
的："忘缘之后寂寂，灵知之性历历，无记昏昧昭昭，
契真本空的的。惺惺寂寂是，无记寂寂非，寂寂惺惺
是，乱想惺惺非。"（《禅宗永嘉集》）不过宏智正
觉，将前人的方法，另从体与用、理与事、动与静、空
与有、明与暗、能与所（主与宾）等，各各宛转回互的

关系运用，来说明达到"杀活在我"大自在、大活泼的悟境。

（四）优劣的比较分析

看话与默照，究竟何者优而何者劣，很难说。大致而言，修行的方法，可有松与紧的两门，平常生活紧张、心神劳累的人，初入修行法门，宜用松弛；平日生活懒散、心神浮动的人，初入修行法门，宜用紧张。而大慧宗杲的公案话头，逼拶紧迫，正是用的紧法；宏智正觉的"默照灵然"，正是用的松法。虽然不能仅以松、紧二字说明默照与看话两派，但用松、紧二类来给它们做区别，应该是正确的看法。大慧宗杲批评默照工夫为邪禅，原因是："士大夫为尘劳所障，方寸不宁怙，便教他寒灰枯木去、一条白练去、古庙香炉去、冷湫湫地去，将这个休歇人，尔道，还休歇得么？殊不知，这个猢狲子不死，如何休歇得？来为先锋，去为殿后底，不死，如何休歇得？此风往年福建路极盛，妙喜（宗杲的别号）绍兴初（公元一一三一年）入闽，住（妙喜）庵时，便力排之，谓之断佛慧命。"（《大慧普觉禅师普说》第五下）

　　用默照的方法，如果是个好逸恶劳的人，就很可能变成"冷湫湫地"、"寒灰枯木"，所谓一头钻进了"无事窟"中，粗重的妄想杂念是不见了，定境不现前，智慧的光芒，也永远透不出来，所以被指为"断佛慧命"的"邪禅"。不过，世上的确有人须用松弛的方法，如能做到"晦而弥明，隐而愈显"，"惺惺破昏"，"正偏宛转，明暗因依"的程度，久而久之，自然也会达到"莲开梦觉"而且"透顶透底"的悟境。因此，宏智正觉也批评"看话石头"，说看话头的方法，只有冥顽不灵的石头才使用，使用之后仍旧还是石头。

　　这从历史的演变上看，大慧宗杲的宗风，仍旧沿着六祖惠能所提倡的："外于一切善恶境界，心念不起，名为坐；内见自性不动，名为禅。"又说："道由心悟，岂在坐也。"修行禅宗的顿悟法门，端在达到"外离相"、"内不乱"的程度，便可"自然得入清净心体，湛然常寂，妙用恒沙"了（以上均见于《六祖坛经》）。可见，如何达到顿悟的目的，是重要事，至于要不要经过长期的坐禅训练，并不是关键所在。因此，用棒喝、用话头、参公案，都是活泼泼的点发、引动、拨开学者心性之门而放射智慧之光的方便法门，当在用这种方法触动激发而产生效果之时，常使学者有大汗淋漓或天崩地裂般的震撼之感，所以这是一种很积极、很直接、很快速的法门。但是，如果遇到一些聪明的读书人或懒散鬼，就很容易投机取巧，受着公案的暗示，往往欺骗他们自己又欺骗他人，认为他们也达到了某种程度的悟境，谈心说性，目空一切，将其行为放荡，视成杀活自在。以致形成谈论公案的人愈多，体悟禅味的人便愈少。禅宗本来"不立文字，直指人心"，这些人却天天卖弄公案，玩耍话头，徒逞锋利的口舌，没有一丝真修实悟的工夫，这是非常可怜的事。

宏智正觉是投子义青的第四传，义青本身，虽然也以参了三年"外道问佛，不问有言，不问无言"的话头而开悟，但他终于反对惠能的禅风，回归到菩提达摩的禅风，强调"法离文字"。将修行的方法，转回到如北宗禅师们所主张的："欲得会道，必须坐禅习定，若不因禅定而得解脱者，未之有也"（《六祖坛经》句）的看法上去。宏智正觉的"默照禅"，其实即是为了纠正一般的狂禅或野狐禅的最好方法，所以他的〈默照铭〉开头就指明："默默忘言，昭昭现前。"既不用假借语言文字，心中仍是朗朗分明，故与枯木死灰，不可同日而语。

总之，不论"默照禅"或"看话禅"，只要用之得宜，都是好方法，但看修道的人，有没有明师指导。事实上，有些人是需要两种方法交互并用的，在太松时，要用紧法，太紧时，要用松法。即在看话头的方法上，也有松法，在"默照禅"的工夫上，也有紧法。方法是死的，应用是活的。不能一定说，哪一种好或哪一种不好。正觉禅师的"默照禅"以及日本道元禅师的"只管打坐"，主旨在于先用修习禅定的基本方法入手，打好定的基础的同时，止观双运、明暗回互，智慧自然现前。故在正觉禅师的〈坐禅箴〉中也说："曾无分别之思，其知无偶而奇；曾无毫忽之兆，其照无取而了。"也就是说，心无分别，所以能定于一；没有得失取舍，所以透彻自在。这乃是定与慧的写照。所以，道元禅师的悟境，称为"身心脱落"，身脱落，即感到轻安无累，是定力现前；心脱落，即烦恼顿消，是智力现前。此乃是一种非常实际有用而又安全的修行法门。

假如遇到明师指导你修行的话，看话头、参公案，便能使你疾速顿悟，自性现前；用默照的工夫，也能使你身心脱落，定慧顿成。假如没有明师指导，则看话头者，可能变成轻狂的野狐，修默照者，可能堕进冷湫湫的黑窟之中。此两者，都是障碍你步入悟境的魔事与魔境。所谓明师，至少要具备两个基本条件：1.修行及实证的经验，2.对于佛法所持正确的知见。两者相较，知见的正确与否，尤其重要，禅宗的人常说"贵见地，不贵行履"，因为有了真知灼见的人，不会误将魔事当佛事，不会为你带错了路。而且，真见地，必定是从实际修行的证验中得来。所谓明师难求者，原因在此。

禅的悟境与魔境

一、悟境是什么

　　一般尚未修行或者虽已修行而仍未得门径、未得实际经验的人，总喜欢谈论悟境，企求悟境，对于悟境产生好奇心或猜测与想象。其实，悟境的确是有的，但却不是以企求心、好奇心所能得到的，以猜测和想象来揣摩悟境，则你永远无法了解悟境是什么。"开口即错，动念即乖"，若用思想、知识、语言、文字、逻辑推理等方法来解释说明悟境，便与悟境的本身，愈离愈远。所以在禅宗的历代祖师们，尽管有了极深的悟境，但却绝少将他们的悟境用文字形容出来。唯从他们悟后所说的法语或铭文、歌偈之中，体会到一点他们所悟的是什么；那也唯有有了相当证悟经验的人，始能看到文字背后所藏的是什么。例如三祖僧璨的〈信心铭〉，梁末亡名的〈息心铭〉，牛头法融的〈心铭〉，傅翕的〈心王铭〉，石头希迁的〈参同契〉，永嘉玄觉的〈证道歌〉，清凉澄观的〈心要法门〉，洞山良价的〈玄中铭〉，宋代廓庵师远的〈十牛图颂〉等，大致均系对于悟境的文字反映。其中的〈十牛图颂〉，可以算是较为明确地指出了一个禅者，由修行开悟而再入世化众的心路历程。由于各人所悟的深浅不同，他们所道出的悟境也自不同，所以虽皆可做为通向悟境的指路牌，并不一定能够看作悟境的终点站。在一无凭借、又无法想象的情形下，读诵、讲解那些古代大禅师们的文字，仍然极其有用。现在分别介绍〈十牛图颂〉以及太虚大师的悟境如下：

（一）〈十牛图颂〉

所谓《十牛图》，就是以十幅图画，表现一个修行者，像一个牧童一样，如何把自己的本来风光或露地白牛——天然妙心或般若佛性，显现出来，把烦恼执着逐渐克服，发挥自然妙用的化世功能。这虽不是每一个修行者，都会经过或必须经过的十个阶段，但已可以由此而略知修行过程的一些消息。

1. 寻牛——图中画着一个人，手里拿着牛绳，奔向郊外，寻找他的牛，但他尚不知牛在何处。此是吾人发觉了自己被困于烦恼虚妄之中，迷失了自己的本来面目的自性之牛，也就是对于见性开悟的事，已经有了追求向往之心，开始用功修行的阶段。其颂文，即是用心修行的情况，是这样的：

忙忙拨草去追寻，
水阔山遥路更深；
力尽神疲无处觅，
但闻枫树晚蝉吟。

（一）寻牛图

在这阶段的修行者是很苦闷、很急躁的，往往会发现比未修行时的烦恼更多。

2. 见迹——图中的人，渐渐地发现了他的那条自性牛的足迹。此系吾人在看经闻教，依经解义之后，确信自己必有尚未发现的佛性在，更会从修行之中，感觉到自己决定有开悟见性的可能。

水边林下迹偏多，

芳草离披见也么；

纵是深山更深处，

辽天鼻孔怎藏他。

（二）见迹图

这是说在水边林下苦修苦参之后，时断时续的妄想心，渐渐平静，便相信自己在妄想心完全断绝时，自性之牛，定然显现。

3. 见牛——图中的人，循着牛迹的方向走去，听到了牛鸣声，也见到了那条牛的后半个身子，显现在一棵大树的侧面。此即依照正确的方法以及正确的知见修行之后，达到了见到自性之牛的目的；但尚未能掌握控制这个开悟见性的情况，只要稍有干扰，这条清净无染的心牛，又会被妄想杂念的草丛及树林所遮掩起来。颂文是：

黄鹂枝上一声声，
日暖风和岸柳青；
只此更无回避处，
森森头角画难成。

（三）见牛图

这是说，妄想杂念渐少渐灭，心念宁静，渐渐清明，所以毫无疑窦地自信已见到了自性之牛；但对这条心牛的面貌，尚无法清楚地看得分明，而且随时尚有再度被它走失的可能。

4. 得牛——图中的人，已把绳索，牵住了牛；但是牛性还是很野，企图着挣脱牛索的控制，所以牧牛人必须加以鞭策和调伏。这是说修行者虽已亲自证悟了自性的全体，但其由于烦恼的习气以及环境对他的诱惑与影响，依然存在，唯恐再度回复到未悟之前的情况中去，所以要更加精进地策励用功。颂文是：

竭尽神通获得渠，

心强力壮卒难除；

有时纔到高原上，

又入烟云深处居。

（四）得牛图

这是说，用尽了气力来修行，好不容易总算是开
了悟，见到了自性，但是仍有强大的烦恼潜力，
一时间不易清除，好像是从烦恼的深谷之底，好
不容易爬上了高山的顶上，有时候仍有烦恼的烟
云，笼罩到你的停身之处一样。

5. 牧牛——图中的人，小心翼翼地拿着牛鞭，握着
牛索，控制着一条野性未服的牛，如有一个疏忽，这条
牛仍有走向路边的田里偷吃几口庄稼五谷的可能。此是
说明吾人在开悟之后，不可掉以轻心，不要太高兴，必
须小心谨慎地继续不断地，去做调伏烦恼、收摄妄心的
工夫，否则，烦恼未除，随时仍会有贪、瞋、痴等的事
情发生。颂文是：

鞭索时时不离身，
恐伊纵步入埃尘；
相将牧得纯和也，
羁锁无抑自逐人。

(五) 牧牛图

如果不能以戒慎恐惧之心，来照顾自己已经得到的悟境，很可能仍会回到旧日的烦恼之中；如果把自己已得的悟后心境，照顾得很好的话，戒律的规定与禅定的功力，便会自然而然地，成为修行者的日用物了。

6.骑牛归家——图中的人，骑在一条已经驯服的牛背上，将牛索轻松地系在腰间，双手拿着横笛，吹奏着悠闲的牧曲。这是说明经过一段时日，做完调心的工夫之后，烦恼妄想，已经完全被修行者调伏，心头不再有染污的妄念蠢动，乃是一片纯和明朗的景象，渐渐地要回到纯净无染的心境中去了。颂文是：

骑牛迤逦欲还家，
羌笛声声送晚霞；
一拍一歌无限意，
知音何必鼓唇牙。

（六）骑牛归家图

修行者到了这个阶段，渐渐地走向不生不灭的自
性的老家，一路上心中明明白白地能够感受到自
己的身心和自然环境的存在，那些经过五官而被
他感受到的每一种事物，无不充满着用语言所无
法形容，也不必用语言来描述的佛法的深意，真
是有情无情皆吐广长舌相，有声无声无非天鼓
妙音。

7. 忘牛存人——图中的人，已经回到自己的老家，
忘却了他曾经骑过的牛，非常自在舒适地坐了下来。也
就是说，修行者到了这个阶段，已经住定，无烦恼、无
是非、无妄心可调，那个可调的妄心已经不见，真的已
到了《六祖坛经》所说"憎爱不关心，长伸两脚卧"的
程度。此时，烦恼心没有了；没有烦恼的那个人，他虽
已经没有外境和内境的分别，也没有烦恼和菩提的执着

心，但他尚清清楚楚地觉得有个主观的自己存在。颂文是：

骑牛已得到家山，
牛也空兮人也闲；
红日三竿犹作梦，
鞭绳空顿草堂间。

（七）忘牛存人图

自性本来清净，一旦妄想心消失之后，清净的自性立现，既是绝对清净便无一物可见，所以当自性呈现之后，自性这样东西是不可名状的，因为普遍地存在于内及外，正如鱼在水中，不觉有水，人在空气中，往往忽略了空气的存在。此时无妄心之牛可牧，所以变成了心中了无一事可做的人。

8. 人牛俱忘 ——图中只画一个圆圈，圈中空无一物，牛不见了，牧牛的人也不见了。牛是自性，人是体验到自性的修道心，既体验到自性的普遍存在，便消失了对于自性的相对之感受，进入绝对的完全统一的心态时，各别的主观意识也跟着消失，所以既不见牛，也不见人，无宾无主，宾主浑然一体，那只是一种充实、满足、究竟、彻底的存在。凡夫圣者无踪迹，众生与佛悉皆空，没有烦恼可断，也无菩提可成。颂文是：

鞭索人牛尽属空，
碧天寥廓信难通；
红炉焰上争容雪，
到此方能合祖宗。

（八）人牛俱忘图

这是言语道断、心行处灭的阶段，没有信息可以互通，因为根本用不到心思度量，也无法用心思度量来表示它和说明它，名为不可思议的境界。

9. 返还本源 ——图中画着一尘不染的翠竹与黄梅、青山及绿水，表示从绝对统一的定境，返照现实的生活，心虽不动而智力湛然明澈，朗照一切而不为任一事物动烦恼心。春来百花烂漫，秋到千山红叶。月白风清，心如明镜，映照万物，而不变其清净的自性。一切万物，亦无非是本然清净的诸佛法身。颂文是：

返本还源已费功，
争如直下若盲聋；
庵中不见庵前物，
水自茫茫花自红。

（九）返还本源图

图中有客观的景物，没有主观的人，虽然山还是山，水还是水，却已不是未曾用功修行之前所见的山和水，山和水虽仍相同，却已没有会被山水景物打动心念的「自我」了。既已不会因了声、色而动分别执着的烦恼妄心，所以如聋如盲，视可见却不动心，听可闻却不动心，食知其味却不动心，庵前庵后的花红水绿，也只是自然景物的自然存在，既不拒之于心外，也不纳之于心内，此即面对森罗万象，于心了无罣碍，所谓解脱、所谓自在，由此可以略窥消息。

10. 入廛垂手——图中画一个洒脱自在而提着一只布袋的和尚，面对着一个瘦弱贫苦的乞丐，和尚做布施，乞丐求布施。这是说明修行者于成就了道业并且得到解脱自在之后，便会自然生起广度众生的大慈悲心，这是向上自求解脱之后的必然结果，不假意志，不循理

想，不是为了什么使命，只是自然而然地从个人的修行
生活之中，走向协助他人的行动中去而已，所以在其本
身不名为救世化众，只是一种出自天真的游戏三昧。颂
文是：

露胸跣足入鄽来，
抹土涂灰笑满腮；
不用神仙真秘诀，
直教枯木放花开。

（十）入鄽垂手图

这完全是一幅表现天真自然、洒脱自在、不拘形
式、不着俗仪的神通妙用的图画，脱俗而不厌
俗，入俗而不着相，充满了大解脱、大慈悲、大
智慧、大神通的活力。禅宗不以一般所说的神通
为然，但是你如一旦能从烦恼的束缚之中，得到
连根拔除的大解脱之时，不着一切人我、善恶、
凡圣、染净等的分别相之际，心得自在，身体也
会自在，身外的一切也会由你自在地转变它们，
所以，顽石能够点头，枯木真会开花。这不是神
仙的咒术，也不用神通的秘诀，仅是自然而然发
生的事。

　　这以上的《十牛图》，所表现的悟境的阶段及其现象，是我根据图形及颂文而做的叙述，大致可供渴望知道悟境是什么的读者做一个参考。事实上的开悟层次，乃是因人而异的，《十牛图》所示的，不一定就是一个标准的次第。因为有的人一悟再悟，悟上数十次，乃至不知其数，可能每次的悟境程度都差不多，只是一次又一次地重温以前曾经得过的经验；有的人初悟与再悟，就有了浅与深的感受；多数的人初悟不会太深，有些善根深厚、根机很利的人，初悟就可能悟得相当地深。

（二）太虚大师的悟境

　　太虚唯心（公元一八九〇——一九四七年）未以禅者自居，实际上他是从事于教义的弘扬以及教育僧青年的工作者；但他之所以成为一代的大师而能为法忘躯，奔走呼吁，席不暇暖，就是因为他在修证上有了经验的缘故。现在试举太虚大师的三次悟境如次：

　　1.在他的自传中，当他十九岁那一年（公元一九〇八年），他在慈谿汶溪的西方寺，阅读《大藏经》中的《大般若经》而得的悟境如下：

积月余，《大般若经》垂尽，身心渐渐凝定。一日，阅经次，忽然失却身心世界，泯然空寂中，灵光湛湛，无数尘刹，焕然炳现，如凌虚影像，明照无边。座经数小时，如弹指顷；历好多日，身心犹在轻清安悦中。

因此，他又取《华严经》阅读，恍然觉得《华严经》中所说，皆是他自己心中现存事物的境界。伸纸飞笔，随意抒发，每日数十张纸，累积千万字。自此，所有有关禅宗语录带给他的疑难而不可解释的问题，此时一概冰释，心智玲珑透脱，了无滞碍。以往所学的佛教教义，以及教外的世俗、知识、文字，均能随心活用。

2. 在他二十八岁的那一年（公元一九一六年），又发生了一次悟境，据他的年谱所录，看来应比第一次的更好：

是年冬，每夜坐禅，专提昔在西方寺阅藏时悟境，作体空观，渐能成片。一夜在闻（普陀山）前寺开大静的一声钟下，忽然心断。心再觉，则音光明圆无际。从泯无内外能所中，渐现能所内外、远近久暂，回复根身、座、舍的原状。则心断后已坐过一长夜；心再觉，系再闻前寺之晨钟矣。心空、际断、心再觉、渐现身、器，符《起信（论）》、《楞严（经）》所说。从兹，有一净躶明觉的重心为本，迥不同以前但是空明幻影矣。

3. 当他三十二岁那年（公元一九二〇年）的十一月十四日的晚上，编完《楞严经讲义》，"此夕旋闻稍坐，忽觉楞严义脉，涌现目前，与唯识宗义相应"。

如果将太虚大师的三次悟境，与《十牛图》的阶段层次对比，便很难明确地指出，究竟如何地配合，才算恰当。第一次的悟境中，虽然时间的感受非常地轻微短暂，空间的感受却更为明显广大，而且在那无际的空间中，尚有像《华严经》中所说无量刹土的凌虚影像，及明照无边的湛湛灵光。只能说，此时的太虚大师，已得一心不乱，由一心的定境而显映出无边的空间，却好像是失去了时间；时间的感受，不是完全没有，只是极为快速。这是相对的，空间的感受愈辽阔，时间的感受便愈短促。由定境而见到光明无际，身心轻安愉悦，这是必然的现象。可见此次的悟境，尚不是"无心"，所以不能算深悟。

第二次的悟境，"心空际断"，也就是当他对时间与空间的感受，完全中止，再恢复到他的感觉世界时，已经过了一长夜。是见到本然自性而到达"无心"的程度了。从此，太虚大师，才有一个非常清净、非常光明的重心，做为他为人处世的依据或原动力。真正改变了他的气质、净化了他的人格，使他完成了一个伟大僧侣的模范。

第三次的悟境，是从静中得到的一种智慧力，因为他已有过定境及悟境，凡需要用直觉的观照来决断和判别的时候，自然会有所谓神来之笔似的思潮涌现，但那现象的本身，并不是定，也不是悟。

总之，悟境是因了修行者的功力不同和根器差殊而有千差万别，不可以某一个人的经验，做为衡量一切人的尺度。但其有一个不变的原则：当悟境显现之后，他的自我中心的自私、骄傲、自卑等的心理现象，必定会相对地减少，最好少到不但他人感觉不到他有烦恼，连他自己也很少感觉到他还有这些烦恼。通常的修行者，并未见性开悟，仅是将散乱的妄心，暂时得到片段时光的休息，甚至尚未得到一心不乱的阶段，便有见到光明，感到轻快，不期然而然会流泪哭泣、或啼或笑，有一种已经从烦恼中得到了解脱的错觉，自以为已经开悟，已经见性，或者自以为已与唯一的神亲自交通，乃至已是唯一的神的全部了。因此而意味到自己即是上帝，或是上帝的化身，或是上帝的使者，负有救世的使命。像这一类的修行者，个人的自私已消失，神性的自大和骄傲却代之而起，至少也会感觉到他们自己不是凡夫，应该已和凡夫有别的心态会油然而生。像这种情况，以禅的立场而言，决定不是见性的悟境，最多只是定境，甚至连初禅的程度也未进入。

二、开悟的条件

我在美国有一个学生，他是基督教的资深牧师，跟我学了一段时间的打坐方法，对我所教的初步方法都很有用，后来也参加了禅七，他总以为他的热心和努力，照着我教的方法修行，开悟的可能性要比一般的人为高，结果，七天的禅七打完，他的确有不少进步，而且也有一些颇为神奇的感应，就是没有开悟。因此问我，基督教所说的"重生"是否相当于禅宗的开悟，因为他是先有了重生的经验而决定献身于上帝，做牧师的。我告诉他，开悟，英文的 enlightenment 这个字，今日在世界上的许多宗教都在用它，如果以基督教的立场或尺度而言，"重生"应该就是开悟；但在禅的立场，就不能算是开悟了，而且也不好比较、不必比较，因为基督教是藉信者的虔诚心和神的感应力的沟通，能使信者发生"重生"的心理现象——感恩上帝的宠爱，悔悟自己的罪行，使一个人变为诚实、谦虚而又狂热地保护他的信仰及宣传他的信仰。禅则不然，禅的工夫，主要是由戒、定、慧的基础上发生的。最初是有，接着是空，最后则连空、有的对立观念也要空掉，禅宗称它为"无"。基督教中虽然也有一派神秘主义者，修行苦行及冥想默祷，然总不像禅宗之主张修行法门的重要，禅宗在修行之先的准备工夫，非常重要，修行中必须注意的事项也不少，此可从明末莲池祩宏所辑的《禅关策进》一书中知其梗概。

四大通则

所谓通则，是综合诸家之说，对于禅的修行者所做的共通要求。也就是说，若不遵守如下的四项原则，要想得到禅的心髓，乃是非常不容易的。

1. 大信心——建立坚定不移的信心，可从两方面着手：一是从对于佛法的理解或认识方面开始，如你确已被佛法的广大精深所吸引，你便会对它产生信心，而做进一步的实际修行。二是从对于佛、法、僧三宝的接触并已实际上体验到了它对你确有大益，你更会由感激、感谢、感恩而油然地生起信心。信心中包括两个项目：

（1）信三宝：三宝中的佛，是首先将其经过长期修持后所得的开悟的方法，以及从悟境中产生的智慧的语言，毫无保留地告诉了我们，那些修行方法及智慧的教训，便是法宝，一代一代切实地修行佛法并且传播佛法的人，便是僧宝。僧宝之中，将佛法传授给你或用佛法来指导你修行的人，便是你的师父（master），师父属于僧宝，他却具体地代表并象征着三宝的全部，故在唐代的禅宗初期的寺院，不建佛殿，独设法堂，师父（被称为堂头和尚或自称为老师）便是一寺的中心，他是被全寺大众所依止并实际信仰的对象。

三宝之中以僧为对象，以法为重心，以佛为根本，缺一不可，而以你的师父最要紧，所以信三宝，必须信师父，师父并不是那个教授你佛法的人，而是他所教授你的佛法的正确性和崇高性，因为佛与法是抽象的，师父代表着三宝，乃是具体和实际在你面前出现的。如对师父未能有十分的信心之前，修行要想进入悟境，是相当难的。

法宝虽是抽象的，它的理论观点却是非常明确的，佛法（dharma）的基本理论是"因果"及"因缘"。所以，信仰佛法的基本要求，便是要信因果、信因缘。深信因果，才不会对自己的努力失望，也不会对他人的成就生妒嫉心。有努力必有成就，若未见有显著的成就，那是表示努力的程度尚不够，现今的努力，加上前世的努力，方是努力的总和。深信因缘，方能接受"空"的道理，唯有空去了对于一切事物的虚妄执着，才能从自私的小我及骄傲的大我，得到解脱；否则，你的信心，跟凡夫执着自私的小我，外道的宗教家执着神性的大我相同，无法进入禅的悟境。

（2）信自己：深信自己的本性与诸佛的佛性，完全一样，只要努力修行、精进不懈，一定能够明心见性，那个便是清净无染的诸法空性。如果自信不足，修行仍然有用，增长善根，渐渐地建立起自信心来。

2. 大愿心——在修行之前，在修行期间，必定要发起大愿心来。愿有通愿及别愿，通愿是〈四弘誓愿〉，凡是学禅的人，若不发〈四弘誓愿〉，纵然得定，也不能得禅；别愿则除〈四弘誓愿〉之外，另外随着个人的心愿如何便发何愿。所谓〈四弘誓愿〉是：

（1）众生无边誓愿度：禅的修行者，目的在于放下自私的小我及骄傲的大我，所以修行一开始，就要发愿度众生，自己修行固是为了广度一切众生，也愿一切众生皆因佛法得度生死苦海。

（2）烦恼无尽誓愿断：度众生，必须自除烦恼，同时也助他人断除烦恼。生死之苦，是从烦恼产生，烦恼不外来自个人的心理的、生理的、社会关系的和自然环境的。人有种种因缘的种种烦恼，然以心理的烦恼为其根本，所以发愿断烦恼的愿力，其本身就是一种最好的断除烦恼的方法。

（3）法门无量誓愿学：做为个人修行的方法，应当一门深入，不宜杂修杂行。一门深入，只要方法的本身没有错误，持久修行，必有效果；杂修杂行，能够成就善业，不易成就解脱业。但在任何一门修行方法之中，也必含有无量法门，同为修行禅的方法，禅虽以无门为门，由于众生根机，千差万别，禅机的运用，也是因人而异，因时而异，因地而异。所以，为了自度以及度人，必须博学无量法门。

（4）佛道无上誓愿成：以无量法门，断无尽烦恼，度无边众生之后，无上的佛道，也必自然成熟。所以禅的修行者，以度众生为最要紧，誓愿成佛乃是最后的目标。

以上的四大弘愿之中，实已包括了做为一个伟大的禅者所应具的各种条件；能度无边众生，是大慈悲行；能断无尽烦恼，是大勇猛行；能学无量法门，是大智慧行；能成无上佛道，是大无畏行。

3. 大愤心——即是大精进心，此系从大惭愧心引起，自觉业重、障多、善根浅、福薄无智，所以，迄今尚在生死的苦海中浮沉。人身难得，佛法难闻，明师难遇，如今幸得人身，既逢佛法，又遇明师，若不及时尽力修行，人命无常，仅在呼吸间，一失人身，千劫难复，所以要痛下决心。如释迦世尊，已到最后身菩萨的位子，在菩提树下，开悟之前，仍得发大愤心，而说："若不成无上正等正觉，绝不再起此座。"何况我们是初学的禅者呢？唯有发了大愤心，始能克服一切心身的障碍，不再担心一切的痛苦，不再骄纵自己、原谅自己，而把心力专注在所修的方法上。

4.大疑情——生死未了，如丧考妣，悟境未现，如粪中之蛆；悟境不透不深，生死依然不能了脱。悟境本身即是智慧，未悟之前，不知悟是什么，也无法揣摩智慧是什么，虽然有一对肉眼，对于智慧的领域，仍如一个生来的盲者，跟前只是一团漆黑，如处黑漆桶中，桶外的世界固然茫然不知，桶内是什么，也无从识别。虽然从佛法的理论上，已理解到"无"或"空"的定义，"无"与"空"的实际情况，自己尚没有身历其境，尚没有亲自经验。所以要用修行的方法，来达到经验这个悟境的目的。

大疑情，便是用一句话头，比如"什么是无？"又如"万法归一，一归何处？"又如"未出娘胎前的本来面目是什么？"或如"念佛的是谁？"等。紧紧把握住一句话头，不用思想，不借外缘，不得间断，不能疏忽，一直问下去，好像一口咬着一个滚烫的糯米团，或像鱼骨梗在喉头，既不能吞下，又吐不出来。久久，工夫自然成片，一旦思言路绝，心识顿断之时，悟境便在你的面前出现了。

三、魔境是什么

所谓魔境，是指修行过程中的种种障碍、困扰、诱惑、打击等。也就是恶魔扰乱修行者的现象，称为魔境。事实上凡是美举，多有阻力，克服了阻力而后完成的美举，则当更美。凡有佛事，当有魔事相伴，无魔障则不能显出修行佛道之不易，无魔事也无从锻炼修道心的坚定。可知，虽然人皆厌恶魔障，做为一个伟大的禅者，不唯不惧魔障，而且要感谢魔障的光临。当然，对于初心的禅者，魔障是恼人的事，如果多了，就很容易使人放弃修行。

魔境大致可分作两类：

（一）身心反应的魔境

由于生理及心理的不能适应修行的要求，或者由于打坐用心，而使得身体的某些部分发生疼痛、奇痒、麻痹、或冷或热、或舒适异常，使得修行者，无法继续用功。有时候由于疲倦、昏沉、烦躁，也使得修行者，无法继续用功。凡是参加过禅七修行的人，几乎都曾有过上述的魔境，有的人在打坐一天下来，就有心灰意冷之

感，因为不用功尚不见心散乱心昏沉，一打坐竟发觉自
己是一个无法控制自己身心的人，不是散心不敛，便是
昏沉不明，有时虽觉得无甚杂念也非昏沉，却在一片空
白的无记心中，这样的情况，会使得修行者，认为自己
根器太钝，不是学禅的材料，因而退心。第二天下来，
修行者所感受到的是膝盖痛、脚痛、背痛，悟境的消
息，尚不知在何处，只感到修行太苦，悟道的路太远，
所以屡次想着是否应该中止这种看来相当愚蠢好笑的修
行生活。

　　另外，由于用功已着到一点力时，可能会产生种种
的幻觉，幻觉也有深浅和真假。

　　浅的和假的幻觉之产生，如同普通梦境之成因，普
通做的梦，大致是在将要睡熟而尚未能睡熟之时，或在
已经睡足将要醒来而尚未曾清醒之际，最容易做梦。幻
觉则在修行者的心念将要收摄成为一念，或心念渐渐沉
静而其体力心力已经疲乏之际，此时不入昏沉，却起幻
觉。多半是幻听、幻视、幻嗅，有时也会有幻触的。浅
的幻觉，即是假的，并无真的外境，修行者的感觉上却
是真的有见、闻、嗅、触等的实感。有的是可怕的幻
境，有的是可悦的幻境，如果修行者以幻为真，使成修

行的魔障，每次入坐后，不是恐惧着恶觉再来，便是期待着乐觉再来；凡有恐惧心或忆念期待心，你便不能把心力放到修行的工夫上，甚至也不能继续打坐了。

深的幻觉，便是真的，由于心念将要统一，身体的状况也渐入佳境，神经的感觉，特别灵敏，也就是心意的周率波段，选择力渐渐精微深细，可以用心力，偶然听到平时所不能听到的远距离声音或极低声音与极高声音，也可能见到平时所不能见到的远距离事物、被遮隔着的事物、极轻微的物体。修行者有了这样的能力，往往会误以为自己已得神通，已成圣果，喜不自胜，乐不自禁，心喜若狂，结果，不是无法继续做进一步的修持或失去了这种能力，便真的惹来心外的魔鬼，为魔所乘，成了魔鬼惑人的工具。因其不是神通，所以仍属于幻境的范围。

总之，不论真假，均宜不为所动，继续修行，最为妥当。

真的幻觉之中，另有一项，极难克服，便是生理上的性欲冲动，凡是不知厌离男女欲而修行禅定的人，当其修至身心舒畅之际，如果不小心而将心念有意无意地引到生殖器的范围，便会产生性冲动的现象，此当仍以心力将之引上你所修的方法上最为稳当。我有一个美国学生，他在平时，经常有性冲动的生理自然现象，在禅七中他告诉我，我教他的修行方法，使他无暇注意到生理问题，偶尔发生了一、两次，也被修行的方法很快地引走了。

（二）心外来的魔境

凡有一人发出离心，发菩提心，真心向道，修行佛法，魔宫便会震动，魔王心中便着急；只要有人成菩提道，不仅少此一人，永不着魔业，永不进魔道，永不受魔使，并且影响魔子魔民，脱离魔王统治。所以，若真修道人，没有魔境的阻挠，乃是不可能的事。虽如释迦世尊，成道之前，仍得有降魔的阶段。

外魔干扰，一定是对已经修道而且将要得力的人；不过如果你的心内无魔，外魔便无从下手，所以，修道的人，当知魔事魔境而须不惧、不着、不受、不拒、不为所动，你便能够克服一切的魔障。

我在山中修行之时，曾数度遇到魔境，有一夜，正在静坐中，忽闻有山雨欲来风满楼的狂风暴雨声，心中念动，恐怕我种的几株花草会被风吹折，正想起身，却发觉天空是月明星稀的一片好风光。我上了魔境的当，再要打坐，却不能定下心来了。又有一次的大白天，我正在用功，突然一声枪响，我茅蓬的玻璃窗，被击穿了一个洞，子弹应该飞到我身上，但却没有受伤，我猜想这是哪家猎人，在我茅蓬周围狙击鸟雀或者发现了野兔之类的猎物；我又想这是魔境，决心不起身，不去理它，但却一连数日，总是觉得仍有猎户人家在我的周围狙击猎物，时常意识到窗子再被打上一枪。决意不被魔扰，结果受扰更多！另有一次的深夜，忽然听到巨树倾倒的声音，随后又有许多巨鸟扑翅起飞的声音，我明知这是不可能发生的事，心头仍然受到震动，很想起身查看一番，那时我的身体虽未动，心湖却已风起云涌了。因此，禅的修行者，有一个原则：凡遇魔境现前，能够做到不动心，自然是好，若心已动而身依旧未动，仍不失为克服魔境的好方法，只要再把被魔境扰乱了的心，拉回到修行的方法上，魔境自然消失。如果心随境转，身随心动，那就离开了修行的方法，被魔鬼牵着鼻子走了。

各人所遇魔境的轻重多少，是因修持程度不同而异，更由于知见的正确度的不同而异，所以禅宗有一句

名言："贵见地，不贵行履。"如果知见正确，虽遇任
何魔境，也不致落入魔道。所谓正知见，便是明因果、
识因缘。明因果便不致受魔诱惑为魔唆使，偏走捷径，
行不善业，曲解佛法，自害害他，而还以为代佛宣化，
或以为即身是佛。识因缘便不致受魔境所迷，被魔事所
骗。明因果，不落于邪恶的顽空；识因缘，不落于虚妄
的幻有。

　　禅的修行者只要有一丝欣求心或厌恶心，就很容易
引来外魔。外魔的种类也很多，从低等的山精鬼怪，那
些依草附木而生存的魑魅魍魉，各类鬼神，乃至来自大
自在天的魔王，都可能利用你修道的因缘，依附你的身
心，来发挥他们的魔事魔业。

　　所谓魔事魔业，使人丧心病狂、残杀生灵者，固
是，使人行医治病、预言凶吉者，也是；凡是扰乱你无
法继续修行智慧道而了生死业的，不论是助你行善或者
命你作恶，都是魔，只要使你离开禅道的，便是魔。所
以，魔王，以及他的魔众，固可显现可怖畏相，通常则
多半显现你的亲属相、善友相、福德长者相、善神相，
乃至菩萨相与佛相。在许多场合，他们多以伦理道德，
教人福国佑民，也能宣说部分佛法的义理。但其有个共

通的特性：使你贪功着相，无法进入悟境。魔境使你作恶而走捷径，是违背了因果的原则；魔境使你行善贪功着相，是违背了因缘的原则。如果你能坚持佛法的原则，魔王对你就无可奈何了。

因此，一个具有正确知见的禅者，在修行的过程中，唯一可做的事，是依照明师所示的方法，继续不断地，向前更向前；遇到任何进步的现象或阻扰的现象，唯一能做的是赶快把它忘掉，好像升空的火箭，要节节扬弃，到了弃无可弃，心中无物，连心也无、连无也无之际，方是最安全、最充实的悟境。否则，不论进步或退步，在修行过程中，步步都有魔境，事事出现魔相，处处都有魔影。

在《楞严经》卷九，介绍禅者可能遭遇的心外恶魔有：悲魔、狂魔、忆魔、易知足魔、忧愁魔、好喜乐魔、大我慢魔、好清轻魔、空魔、欲魔，以及天魔。天魔又于十种时机，进入修行者的心中：修行者于定中心爱圆明、锐其精锐、贪求善巧时；修行者于定中心爱游荡、飞其精思、贪求经历之时；修行者于定中心爱绵湎、澄其精思、贪求契合之时；修行者于定中心爱根本、穷览物化性之终始、精爽其心、贪求辨析之时；修行者于定中心爱悬应、周流精研、贪求冥感之时；修行者于定中心爱深入、克己辛勤、乐处阴寂、贪求静谧之时；修行者于定中心爱知见、勤苦研寻、贪求宿命之时；修行者于定中心爱神通、种种变化、研究化元、贪取神力之时；修行者于定中心爱入灭、研究化性、贪求深空之时；修行者于定中心爱长寿、辛苦研几、贪求永岁、弃分段生、顿希变易、细相长住之时。而此十种天魔，依次是怪鬼年老成魔，魃鬼年老成魔，魅鬼年老成魔，蛊毒魇胜恶鬼年老成魔，厉鬼年老成魔，大力鬼年老成魔，山林土地、城隍、川岳鬼年老成魔，天地大力山精、海精、风精、河精、土精、一切草木积劫精魅、或龙魅、或寿终仙再活为魅、或仙期终计年应死其形不化他怪所附年老成魔，日月薄蚀精气、金、玉、芝草、麒麟、凤、龟、鹤，经千万年不死，为灵出生国土年老成魔，住世自在天魔，及其眷属。

由此可见，禅的修行者，只要心有所缘、所念，只要一念离开修行的方法之时，就可能有魔鬼趁势而入；而且那些魔境，能够鱼目混珠，使你自己感到已经成佛，他人见你神力不可思议，也会视你如佛，其实，那不是你自己修得的能力，仅是魔鬼附身的现象。

　　所以，禅的修行者，在其未悟之前，乃至未有独立自主的把握之前，必须要依止明师修行，唯有在明师的指导下，才可能避免恶魔的困扰及利用。

明师难遇

　　修道者如果不遇明师，可能有两种结果：不是由于盲修瞎练而造成身心的变态，便是要经过长时间的自我摸索而找出一条路来。佛经中称依师而悟者为声闻，无师自悟者为独觉。在无佛出世或不闻三宝之名的时代，修行得道者，殊为不易。自佛出世之后，三宝住世时代，修道者依师指导，开悟佛道，乃是修道的正轨，所以说，独觉的圣者，仅出现于无佛出世的时代和环境中。请不要拘执于"二乘"这个名相，不要以为声闻、独觉的二乘，便是小乘，大乘菩萨之中，大多也以闻法、闻声而入佛知见，悟佛法门的，可称大乘声闻。同样地，大乘的独觉，便是无上的佛陀。所以独觉的果位，高于声闻，而此形成独觉果位之前，必定已经经过长时间的所谓历劫修行，绝无偶然幸致的圣果可得。

所谓声闻闻法，必从师僧三宝，纵然由看经而自得修持的法门，也算是声闻。在一般人的修持而言，除了方法的正确度没有问题之外，修持的层次也很重要，若不知方法，便是盲修或杂修；若不知层次，便是落于骄狂而不切实际。所以，如果你想从教理的信服，进而做实际的修行戒、定、慧的三无漏学之时，必须要有明师的引进、指点，始可不致浪费时间，也不致造成求升反堕的悲剧。

明师，即是高明的师父，他自己必定有修证的经验，有正确的见地，有慈悲心，有教授弟子的方法和善巧。可是，佛法讲求一个"缘"字，故可由于对象的不同，虽是同一个师父，也会有明与不明的不同，例如初祖菩提达摩，对于二祖慧可，他是明师，对于梁武帝，他便不是明师。所以，我在美国，有一个弟子问我："师父你是不是现在世界上最高明的师父？"我毫不犹疑地说："不是。"因为，从主观的立场说，我自觉不是佛，而且相差太远、太远，福德智慧，均感不足，所以无法告诉他，我是最高明的师父。从许多外道宗教的立场而言，凡自命为神的代言人、或是神的独子、或是神的人格化者，无不认为他们自己即是世界上最高明完美的师父，所谓全知全能、万能的王中之王；但从事实来看，那仅是他们主观的信念，并不是客观的实情，因为他们只能影响一部分的人，无法使得一切时、一切处的一切人，全部接受他们的教化。

我的那位美国弟子又问我："你既不是最高明的师父，怎敢做人的师父，我又怎样才能找到最高明的师父呢？"

我告诉他，唯有高明的弟子，才能选择到高明的师父，所以禅的修行者，必须在具眼（有了悟境的经验）之后，始够资格去遍参、遍访天下的大善知识；否则，你固然无能识别何人是明师，何人是对你可能有助的明师；纵然是明师，也未必是大名鼎鼎的人，能够有助于你的人，绝不在于他的名望的大小，只要他和你有宿缘，他便能够使你受益无穷。因此，绝大多数的修行者，不是凭仗自己的认识力而得到明师，乃是由于因缘的安排而遇到的师父；有缘则得来毫不费力，无缘则虽面对明师亦不相识。有的人在吃尽苦头之后，开了一下智慧之眼，才遇到理想中的师父；有的人却在明师门下挨了许多年的折磨与调教，才从师父处得到一点指引而开了一线智慧之眼。唯有在有了自内证的经验之后，才

有选择明师的能力，这是相当困难的。一般人只有跟着
他人去追随具有大名的师父，或者在明师的指示下，去
参访另外的明师，正像《华严经》中的善财童子，从其
初见文殊师利菩萨，而发勤求佛道之心，文殊劝他应当
求真善知识而勿生疲懈之心，并介绍善财童子去参访德
云比丘，德云比丘又介绍海云比丘，又从海云比丘处受
到教示而去参礼善住比丘，如此一个个地辗转介绍而使
善财童子参访了五十三位真善知识。后来的修行者，仅
知仿效善财童子的广参博学，却忽视了由明师介绍及
指导下去参访明师的原则，于是，虽美其名曰遍参善知
识，结果却成了跑码头、赶热闹的无主游魂。

　　因此，对于一个初学的禅者而言，如何选择明师，
是一大难题。自以为是明师的人，固然不一定就是明
师，却有更多连他们自己也不相信自己是明师的人，
自欺欺人地挂起明师的招牌，初学者只有凭因缘的安
排来得到他们的师父。所以，我虽不是世界上最高明的
师父，也做了一些人的师父，也使得一些人得到了若干
佛法的受用。我用一个比喻告诉我的弟子们，每一个师
父，只是一大堆拐杖之中的一支拐杖，禅的初学者，就
像一个双目失明的跛子，这个跛子需要一根拐杖，才能

行走；但他没有办法识别那一大堆的拐杖之中究竟哪一根是最好，如果他希望得到其中最好的一根之后才开始行走的话，他便永远没有行走的可能了，因为他纵然捡出其中最好的一根，他也无力辨别。在这样的状况下，唯有依靠选择时的直感来做取舍；即使捡出了其中最坏的一根，总比一根也没有的好。我既不敢说我是世界上最高明的师父，也不想谦虚地说我是世界上最不高明的师父；对于有缘而正在亲近我的弟子而言，我应该就是他们最高明的师父。

第二篇／

调琴

舍

　　在明朝末叶，有一位名叫憨山的禅师，教导人们如何以"舍"这个字来修。这是什么意思呢？这就是说：当一个人念头生起来时，即刻中止它或放下它。但中断念头或放下念头并不是表示与它对抗，或者尝试抛掉它，而只是意味着不去理会它。假如你无法得到任何禅修的进境，最大的原因就是你不能放下或行舍。当你非常专心于你所修行的法门时，或许会有妄念出现，这是很平常的，尤其是在初初学习的时候。然而不要让它干扰了你，在发现妄念后，应该使你更专注于你正在用功的方法上。

　　由妄念的产生而出现的问题有两种：第一，你发现到这个念头，但你无法驱走它。你愈想要赶它走，便会有愈多的妄想生起来。第二，当你发现妄念时，已经太迟了。因为你正如坐在满载着散乱念头的车厢里，而这车厢已经越出了轨道。第一种现象就好像你在吃甜品时，一大群苍蝇围绕着你。如果你摆摆手赶它们，它们只是散开一下，然后又拥集回来。应付这个问题最好的方法是不要去理会这些苍蝇，否则你将无法吃完你的东西。只要你把东西吃完，这些苍蝇就会自动地散去。第二种现象正如你骑在马上打瞌睡。结果在你没有觉察的情况下，马儿离开了道路，在四周蹓跶和吃草。当你在精神上感到疲劳，或者肉体上感到虚弱时，你将无法意识到散乱的心绪。当你终于发觉了，可能已经是好几分钟以后的事情了。但是，你切莫因此而心烦意乱，因为焦急、担忧只会引起更多的杂念。与其为了打妄念浪费时间，不如放松心情，回到所用的方法上。

修行"舍"有好几个层次。第一个步骤是舍去你的过去和未来，而专注于现在，因为凡是妄念必定与过去和未来有关。这看起来似乎容易，其实不然。第二个步骤，我们更需要连现在这个时刻都舍弃。现在这一个时刻可分为两个部分：外在或外境，以及内在；内在又可以分为身体和内心。首先我们需要放下外境，因为所有念头都是外境与我们的官能接触而产生的。假如我们没有意识到任何外境的存在，我们很有可能根本不会产生念头。气候、车子、鸟儿、风、走过你面前的人发出的声音、光亮与黑暗、粗声的呼吸等等，所有这些外缘都会影响你，使你杂念丛生。既然我们无法在一个完全隔绝而无任何干扰的地方修禅，唯一的方法便是"舍"。即使你已经能够专心到只专注于你的身心，你还是会听到外面的声音的。然而，切勿对它们生气，你只需要在它们生起时，"舍"掉它们。

当你已经放下了外境，接下来的步骤是放下你自己。第一个阶段是舍去你的身体。很久以前，有一位禅师，由于打坐时经常感到昏沉或打瞌睡，为了要克服这个问题，他将自己的禅座安置在一个悬崖边缘的一块石头上。他知道只要他再昏沉，他将会头下脚上地跌下深谷。这样的人必定能够修持得很好，因为他能放得下自己的身体。假如他还是不能好好的修持的话，他是准备死去的。因此倘若你一直担忧着自己的身体，并意识到那些不舒适的感觉，如热、冷、背痛、脚疼和发痒等等，而你如果又是不断地想要去抓你的痒处、想换脚、想迁就你的身体，以减轻这些难受的感觉，那么你将无法进入好的禅境。有些人以为忘记身体比放下整个外境来得更容易，但是，不要去注意自己的身体，实际上是非常困难的事。当你觉得痒时，你愈想忍耐，你会愈加难受，如果你去搔一搔，则这个问题便很快解决了。然而这是错误的推理，因为一旦你开始搔痒以后，你身体的其他部位也将会有痒的感觉，这种情形将持续下去。假如你只是不理会它，它便会慢慢地消失掉，而其他部位也不会再发痒了。处理疼痛的方法也是如此，当你感到膝盖痛时，不要使自己紧张，以致全身都似乎在发痛。你应该放松自己并隔绝痛的部位。你告诉自己："只有我的膝盖疼痛，与其他部位无关。"接下来，你便去观察这个痛到底痛到什么程度，用这样的态度，你就不会再顾虑到你的身体。这将会使你感到更加地疼痛，但最后这些痛楚将会消失，过后你便能够很好地应用你修行的方法了。

假如你能够专心一志于你的方法上，结果你会忘了身体的存在，那时剩下的就只有你的"专注"了。当你只剩"专注"而没有外境和身体时，还是有一个"专注"的念头，最后一步是将这个"专注"的念头也舍掉，那即是连你的心也放下，而达到心境统一的境界了。

调琴

　　参禅或修禅的方法有好几种。有一种普通的方法就是"参无事禅"，即是说以一种非常从容的态度来修行。那些应用这种方法修持的人似乎是一个坚定、始终一贯的行者，他们每天修行，整天修行。然而实际上，他们的修持是有缺漏的。这些行者在修行了一会儿，就会想："啊！午餐的时间到了。"于是他们便停下来用午餐。用过午餐，他们会休息一会儿，然后再开始用功。忽然他们会想到："这是我洗衣的时间了。"洗完了衣服，他们会感到有点疲累，所以他们就会休息一下，接着又是晚餐的时间到了，吃过晚餐，他们感到肚子有点胀，所以需要等一会儿，才能继续再用功。他们会再修行一段时间，然后你知道啰，又是睡觉的时间了。第二天，他们会继续采用这种方法修行。他们连续这样地修行了十年八年，于是其他的人便会认为他们是经过长期锻炼的大修行人。他们也好像很稳定而有恒心，同时已经解脱了烦恼。

然而，事实上，这类的人可能修行了很多年，但他们依然与自己在开始修行时的境界是一样的，一点也没有进步。他们所以看来稳定和解除烦恼，是因为他们只有很少的事情好做，或做一些不重要的工作，并避免卷入或接触那些比较复杂的事物。

我曾经碰到这样的一个人，他告诉我："当我用功时，我得到大自在、大解脱。"我就问他："在当时，你不必担忧衣食，也不必去应付那些好争吵的人，是吗？"他回答："这当然，我修行时，人们都供养我衣食，也没有人来和我吵架。"我又问："那么，现在呢？"他告诉我他现在有很多烦恼，因为周围的环境已经不同了。我对他说："假如你已经证得大解脱，那你现在为什么不能解除这些烦恼呢？"

实际上，类似这样的人，是不会解脱，不会开悟，也不会成为禅师的，他们只是在浪费时间、浪费生命、浪费食物而已。

另外还有一种所谓的修行人，他们在一、两天里非常精进修持，就好像他们的一生需要完全依靠这一次的修行一样。但是过了几天以后，他们就会感到非常地疲倦、头痛，他们的脚部和背部也感到疼痛，还有就是他们整个身体也受到伤痛，致使他们无法坐起来。在这种时刻，他们会说："开悟，或许不是那么容易的，我最好是先好好地休息，等到气力恢复了，我再回来修行吧。"当他们的身体已经痊愈，而感到已经好好地休息后，他们会再回来，以同样的方式修行。

然而，这类的修行者其实和上面所提到的是没有两样的。他们的修行是没有用处的。同样地，这种修行者也经常被赞美为大修行人，他们投注了一生在修行上，却用了这种没有价值的方法。

第三种修行者会很好地记住佛陀的金言——修行要像调琴一般。琴要发出美妙的音乐，它的弦必须要调得不太松，也不能太紧，正如修行人，在用功时，不能太过松懈，或太过紧张。有些人以为这个观念是：一个人需要很勤奋地用功修行，直至他感到疲倦了，稍为休息，然后再继续用功。他们相信这种方法是适宜的中道法。但是，这也是没有用的，就好像在攀爬一条垂挂着的绳子，你很有精力地爬了一会儿，但你感到疲劳而休息一下；当就地休息时，你使自己滑回到原来的地方，这样做是不可能到达任何地方的。

这种修行人需要一个明师的指导，指示他们什么时候应该精进发愤，什么时候应该休息而不退回原处。比如一个人在修禅时，他听到了引磬声，他就会知道："啊！时间到了，我应该是疲乏了，现在让我舒活舒活我的腿子。"就是在这种时刻，一个人需要一位高明的师父，手持着香板，利用逼拶、猛烈，甚至邪恶的手段，去喝责他，使他感觉到他是一个有能力及有用的人，但由于他的懈怠，所以他现在处于无用的状态。这种情况的出现，经常都是因为那些人总是趋向于容易原谅自己而有的，但在师父敏捷和果断的逼拶之下，他可能产生一种所谓的"大愤心"。这种情形使这个人有很深刻的出离心，厌恶自己的现况，而发下强烈的决心，发愤地用功。

辨别一个修行人是否进入所谓的"状况"而产生大疑情是非常重要的。在疑情未生起之前，师父会允许一个已经精疲力尽的行者休息，休息时间的长短则端视他疲倦的程度。然而，当他进入"状况"以后，师父会像驱赶一群牛羊而不让它们有停止的机会。当一个人的大疑情生起来的时候，除非他本来有高血压或严重的心脏病，不然不论他如何使劲地用功，对他的身体都不会有损害的，因为处于这种境界的人，他是完全与宇宙相应的，来自整个宇宙的力量，都可以注入他个人而融合为一。因此，在这个时刻，师父一定要逼驱行者不断地前进、前进，以期望能得"虚空粉碎"的"大爆炸"发生，或者至少也有一个较小的"爆炸"。

当然，对于那些利根如六祖惠能的修行者，这些都是没有需要的，他可以无师自通。但多数人在修行时都需要明师的指导，在明师的开导及辅助之下，一个人可以向前苦干下去，以致最后得到良好的成绩。

话头·公案·机锋·转语

问：什么是话头禅？它如何与大疑情有关？

答："话头"就是你追问自己一个问题做为修行的一种方法。"话"是语言，"头"是根源。当我们应用话头修行，就是尝试要找出在还未用到话或文字，或符号的描述之前，"那是什么？"在开始修行时，是没有疑情可言的，只有在你很好地掌握这个修行方法，你才能产生疑情；当你的修行愈来愈有力时，便会成为大疑情了。在这种情况下，你就不会意识到你的身体、世界或一切；只有一样东西存在，即是问题——大疑情。当人们有了真正的大疑情，假如他们又是利根者，那么不论是否有师父在旁指导，他们都可能获得开悟；但对于那些钝根的人，必须有明师，否则他们甚至可能掉入魔境。

　　大疑情之可能生起，只有当这话头所问的问题对他们是重要的，而且他们也很认真去修行话头。对于那些不认真、不热切于追寻生死问题，或什么是本来生命之答案的人，假如他又自以为他的生活过得很好，而且也没有真正理会到他未生前是什么，或者他死后将成为什么，对于这种人，不论他们如何尝试追问那些话头的问题，如"我是谁？"他们就很可能不会产生疑情。因为这个问题对他并不重要。古话说："大疑大悟，小疑小悟，不疑不悟。"所以在你未开悟之前，你必须要修行到你基本上已放下了一切执着的程度，不妨说：一丝不挂，也即是完全赤裸。但实际上，即使一个人已完全赤裸了，还是会有很多东西在他内心里，一个人必须修到没有任何一物存在于内心，他才能用话头修行得力。

　　问：一个人需要用语言来问问题吗？文字可能会导致机械化的重复。

　　答：肯定的，你需要应用语言。如果你不用语言来问问题，你只是坐在那边，睁大着眼睛，而不能产生疑情。我们必须有一些东西掌握住以便发挥我们的力量；而话头便是我们所要把握的东西了。如果我们没有东西掌握住，那么便无法集中我们的心，于是疑情便没有生起的基础。比如说：话正像篮子里一条很长又纠缠着的线，而你并不知道它有多长。你握住线的一头，尝试得到它的另一端，希望知道那是什么。你做什么呢？你不断地拉着那条线。在线的另一端，有一个弹簧发条，因此要得到另一头，你必须继续不断地拉它，即使是你只停息一会儿，也不能放下你握住的线，否则它又将全部被拉回去了。你必须发挥你的力量，不放弃，不断地拉，你不可以失去信心或泄气，并不可追问：为什么我还未见到线的另一端？你唯有继续不断地拉、拉、拉。终于你得到了线的另一端，而你发现，原来并没有东西在那边。这看起来似乎是愚蠢的。开始并没有东西在那边，你发现线的一端，并不断地拉，直到你获得另一头，又发现那边也没有东西。为什么要拉它呢？这不是愚蠢，这个过程便是方法。在你未通过这个过程，在你未采用这个方法时，你的内心是混乱的，你的智慧尚未显露；但经过你透过这个过程后，你的智慧便显发了。

问：我们可以完全不用话头来参禅吗？毕竟在印度并没有人听过"话头"这个名词。从菩提达摩到六祖，甚至七祖，人们也不知道什么是话头。为什么直到宋朝时，话头的方法才被提倡？如果我们现在也不用任何话头修行，可以吗？

答：可能自从宋朝以来修行人的心较为散漫，他们有很多的意见和观念，若不应用话头，便会非常困难。

给你一个话头去修或参，正如以针线把你的嘴巴缝起来，使你不能够开口说话，这时有一个人从你的背后打你，问你："你叫什么名字？"你要喊出来，想说话，但你不能开口。应用话头就是阻挡住、关闭你的口，并且连你的心也被密封起来。在这样的情况下，还要你找出所问的答案，可能就有一个不同的情景出现了。

在我主持的禅七中，只让少数的修行者参话头。然而，当一个人的修持到达妄念稀少或念头集中时，给他一个话头，以便观察他能否从参话头而产生疑情。在某次禅七中，我教一位禅者参话头。在开始时，他并不是真正在参话头，而更确切地说，他是在念话头。经过一段时间的修行，他依然回到念诵话头，然后他才得到"问"话头的阶段，但每一次他问时，他便从容地自己回答自己，所以每个问题后面随着一个答案。这个人与那些没有用过话头的人，完全相同，不会产生疑情。

另一女禅者也参话头。她静坐在坐垫上，忽然间她对我喊道："你只是在讲废话，十足的废话！"我说："你怎么可以那样说呢？"她继续指责我欺骗大家。看来她似乎得到了一些东西。我便问她："你是男人还是女人？"本来她很可以回称"是女人"。但她被我一问，便失去了主意。她再回座位坐了一阵子，并不断地问她自己新的问题："我是男人或女人？"结果她便怒气冲冲地回来找我，好像准备要打一场架，告诉我："不管你认为你是男人或女人，我是女人！"这是一个真正参禅的例子。

有一个禅者用话头参了几天后，发现话头不见了，他以为既然话头不见了，那么他便不需要再参它了。但我说："不，你还是要继续参那话头。如果它不见了，稍微休息一会，然后再回到话头上来。"

从前有一位禅师，不论谁去找他，他都给他们那个相同的提示，也就是竖起他的一只手指。当我第一次读到它，我感到十分惊奇，竖起一指足够吗？为什么这位禅师对每个人都用相同的东西？不同的众生有不同的根机，老是竖起一指似乎并没有多大用处。但现在我明白了，即使他只竖起一指，实际上那个手势充满了无限的可能性和功用。不管是相同或许多不同的话头之应用于不同的人，全都依禅师如何应用这些话头而定。方法是死的，只有在你以活的方式应用它们，它们才是有用处的。因此你也可以用很多不同的话头，但要恰如其分地应用，它们全都是一样的；你也可以在许多不同程度，通过不同的角度，应用相同的话头。

问：话头不就是公案吗？

答：话头是一个短语、一个句子或一个问题，你要以它修行，你要探索这个话之前或背后是什么，直至其根源。然而一个公案，基本上是一个完整的事件，你参究它的整个过程，尝试了解整个有关的真相。一个例子就是"南泉斩猫"的故事。有两组的僧人争论着哪一组应拥有那只猫，当南泉回到丛林时目睹此争论，他抓起猫来，说："给我一句话，说对了，你们可以救这只猫。"没有人敢说任何话，南泉于是把猫斩成两段。过了不久，一个造诣高深的弟子赵州从谂回来，当他听到这个故事，他把鞋子顶在头上走出去，南泉说："如果你早些时候在的话，那只猫便不必死了。"以这个公案修行，即是问：这个故事的全部过程是什么？

问："什么是"机锋"和"转语"？

答：普通来说，"机锋"有两种。有时候，一个人参话头或公案，他很努力地修行，但他仍然不能出现任何新的境界。这时师父可能给他一个有力的、直接的，乃至不尽情理的一句话。比如有人感到口很渴，你给他一杯水，但正当他准备要拿起那杯水来喝时，你把那个杯拿走，并摔到地上去，然后问他："你还需要喝水吗？"如果这个人已经有很好的修行，这样的事件是可以给他非常大的帮助的，这是第一类的机锋。

第二类的机锋是有关造诣高深的禅师们之间的对话。虽然他们应用的字眼在表面上看起来是没有意义或自相矛盾的，但其内在的意义却是很深奥的。比如说，一个禅师会说："东山下雨西山湿。"另一个则说："自从泥牛入海后，到今天还没有任何消息。"这类的词语，当记录下来，有时候会成为公案。

"转语"是那些回转一个人观念和态度的语句。一个例子是百丈禅师的故事。有一次当他在开示时，一个白发白须的老人在听众之中坐着。在开示结束时，老人走近百丈禅师，说："五百世前，我已经是修行人，但那个时候我告诉人，禅行者不落因果，直到现在我竟是一世又一世地转世为狐。请你给我一个转语，好让我脱离狐身。"百丈说："听好，与其说不落因果，你应该

说不昧因果。"听到这句话以后，老人非常高兴，顶礼
三拜后便离开了。第二天百丈与他的弟子在后山捡起一
只狐尸，并为它举行僧人的葬礼。这个公案或者不是历
史事件，但它阐明了如何以几句话可以转变深刻执着的
观念，并带来大利益。如果有人走向某个方向，那边可
能有一道墙，他无法通过，假如你教他转过身来，可能
在当下便有另一条路了。

佛·众生·无明

佛性是永远清净和不变的。因此，经常有人问起这样的问题："如果所有的众生原本是佛，又怎么会成为污染，使佛堕回无明的众生状态？如果佛性和烦恼是一样的，这是不是意味着那些成佛的人也会在将来经验到烦恼？"

要回答这个问题，我们必须首先知道"众生本来是佛"这句话的真正含义，这要明白，这是说一切众生皆具有佛的潜能的普遍原则。比如说，任何一个在美国出生的人，不论他的种族和社会地位，都可以竞选总统。一个尚在小学中读书的少年可以说："当我长大时，我将会竞选总统。"这句话并没有错，但四年才举行一次的总统竞选，经四十年最多也只有十个人当选美国总统。同样地，一切众生都有能力成佛，但不是每个众生都可以即刻实现佛陀的境界。

众生最初是从哪里来的？还没有一种宗教或哲学思想可以对这些问题提供圆满的答案。当然，假如我们一开始便是佛，不因烦恼而受苦是很好的。但佛教拒绝回答这些问题，并说众生的出现，在时间上是没有开始的。

假如我们说众生是上帝创造的，那么很多问题便会产生：为什么他创造了天堂与地狱？为什么他制造痛苦？为什么众生造恶业？佛教并不寻求这类问题的答案，对于那些被这类问题所迷惑的人，释迦牟尼佛引用了一个人被毒箭射中的比喻。他问在这种情况之下，是把毒箭取出而治疗其毒，或提出一千个问题，追问这枝箭是用什么毒，和射箭的是属于哪一个阶级的人，来得更为聪明？显而易见地，把毒箭取走而疗毒是比较正确的。佛教最大的目的是治愈你的病，而不是为哲学上的问题提供理论性的答案。

我们与佛陀不同，或我们不清净的概念，实际上是我们的愚痴或无明的成果。要了解这点，我们必须了解无明的意思，无明即是某种有限、无常和变幻的心理现象。

　　佛性的普遍性与永恒性，即在于一切局部及变动的事物之中，它是不变的，它也不可能只存在于一处而不存在于其他地点。当我们说众生本来是佛，便是谈到他们不变的佛性，而不是那些呈现于表面的狭窄、无常、变幻的烦恼。

　　当我们被环境刺激时，会生起反应，产生烦恼，于是你的念头便在一种连续变化的状态，这即是无明，它是刹那刹那持续变化的。

　　无明是无始存在而不断变化的，这即是众生之为众生的因素，但它并不是永恒的、普遍的或持久不变的；它一直是有限、短促，并不断流动的现象。

　　只要我们很好地应用我们的修行方法，我们的心便不会动。贪欲、瞋恚和愚痴将会平息消失，剩下来的便是我们永恒不动的佛性之显现了。当我们的内心，不会再受环境的刺激和诱惑时，无明便不存在，而只有佛性了。

　　直到我们完全断除所有的愚痴时为止，我们将继续以不正确的眼光，并应用我们有限和无常的心理作用为容器，来容纳无限和无始。当无明与容器被除掉，只有普遍性和恒常的佛性留存。佛性是原本存在的，但无明则不是，它只能说是暂时性的存在，如果它有真实性，便不会有持续变化的状态。

经典中经常应用水与波的比拟来说明这点。水是存在于平常的状态，但当风吹起时，便有波动了。这些波是与水的本质相同的，但它们本来是不存在的。无明也是如此，本来不存在的；水即是永恒存在的如来，波是无明。在没有波时，水可以存在；但波却必须在水存在之下而存在。

当我们说众生本来是佛，正如我先前所说的，我们是根据普遍的理则与潜在性的说法。假如我们说释迦牟尼是佛陀，他已于二千五百年前涅槃了，那不是说及真正的佛；真正的佛、如来，是永恒的，他无来亦无去。

轮回与涅槃

　　首先让我们拿视觉上的错误做例子。有时候我们的眼睛会有问题，我们拭擦它们，于是东西看起来便不同了。放在我们眼前不远的东西，或某些设计，可能会造成视力的错觉。患白内障的人，有一层薄膜遮住眼睛，所看到的东西是不同的，有一种"飞蚊症"，当一个人染上这种病症时，他会感觉到有昆虫时常在他眼前飞舞。经典谈到幻相时，常说是看到"空（中）花"。通常我们有这些问题时，我们知道这是眼睛的问题；可是有些人却以为他们看到蚊虫和花在空中飞动，当他们的毛病痊愈时，他们便不会再看到这些东西了。是否蚊子和空花忽然间消失了呢？不是的，这是因为眼睛的问题已消除了。

　　第二个比拟是关于炼金的过程。当于金矿中发掘到金沙时，它被熔掉并加工，直到没有其他杂质而只剩下提炼过的金。金在最初是金沙，但有些人或许会以为纯金和金沙是不同的两回事，金沙是由于某种方式而变成纯金的；但化学师知道它们的元素。纯金本身是来自金沙的，假如不是来自金沙，将不会有金被提炼出来。

这些比拟谈到了什么？在另一次的开示，我指出轮回是一个假相。我们会轮回是因为我们有烦恼，这是心的问题。我们看到当眼睛的问题解决后，蚊子和空花的幻觉便消失了，于是我们不会再看到它们。但更重要的是我们理解到在最初并没有看到蚊子或花。同样地，当我们治好我们内心的问题，我们便不会相信轮回；而实际上，我们明白它从来就没有存在过。

内心的问题？内心的毛病？这种问题是外科医生所不知道的，精神病医生或许会知道一些这类的毛病。你修行的工夫愈深，愈会明白内心问题的性质。有人说"禅中心"像一个心理病医院，在某种情况下，这是正确的，佛陀说过，如果你有生理上的病，去找医生医治；如果你有心理上的病，去找佛法治理。

站在佛法的立场，每个人都有严重的心理问题。你们有多少人认为自己没有心理问题的？假如你举手，表示你有问题；假如你不举手，那么至少你还有一些观念：你有问题。一个喝醉的人永远不会承认他喝醉的。假如你发现你醉醺醺的，而你说你喝醉了，那么相反地，你并未大醉。

说心理有病是什么意思呢？这即是说你的内心不平衡——理性和感性的——你的判断不是百分之百的正确。你会有偏见，正如一个拥有丈夫的太太，和她的姊妹也生活在同一个家庭里，她的姊妹经常都会偏向这位太太而对抗她的丈夫。或者你会像我一个弟子的矛盾心理一样。前几天他心里希望我早日回台湾去，便不会有人要求他这样那样地；在另一方面，他又希望我永远不要离开他，假如我离开了，便没有帮助他修行的人了。一个吸食海洛英的人也会面对这样的问题；他要戒掉吸用毒品的恶习，但他不能。当一个人依这种混乱的心态行事时，他们经常会犯罪行的。在欣克利枪杀里根总统的事件中，法庭以精神错乱为理由而判决他无罪。当有人对我们有损害的行为时，我们必须体会他们是有心理问题而要宽恕他。当一个人有这种问题时，他可能并不知道自己在做什么；或者虽然他明知道发生了什么，却无法控制自己——正如一辆刹车器有毛病的汽车一样。

　　我们如何医好这种病症呢？很多人并没有体会到他们的内心或精神需要很多的教育。对于癌症、心脏病和高血压等等病症的治疗的研究工作，我们肯定的已经有了基础，但人们并没有那样注重精神问题的治疗的研究和教育。

　　首先一个人必须探究他的希望、恐惧、欲求等等，只有通过这种自我的测验，我们才会进步。当然，完成这个过程最好的方法是静坐。通过修行，一个人会逐渐减少他的念头。有太多的念头时，你不会看清自己的。当我们达到能够控制自己的念头之境界时，我们可以依自己的意愿去想或不想。这样，我们的心理毛病便消失了，内心便不会有混乱的状态；不会胡思乱想，我们便与自然和谐了，我们的判断便没有偏见，我们会接受发生在我们身上的善事和恶事。

　　当我们的内心完全清净时，便不会有善行与恶行，也不会有轮回与涅槃。轮回和涅槃之概念的存在，是因为首先我们需要依据它而修行。它增强了我们的信心和力量，这正如一个病人的医药，当他痊愈时，便不需要医药了；同样地，当我们内心的问题已经解决，我们便不需要轮回和涅槃的概念了。我们会体会到它们并不是不同的两回事，事实上，它们甚至不是一回事，它们都是幻相。在一个清净的内心里，它们甚至根本不曾存在。

现在让我们来解释金沙与纯金的比拟。精纯、提炼的金即是指我们清净的内心，它代表我们超脱痛苦的潜能。正如第一个比拟中的眼睛，某个时候受到幻相的困扰，而今从蚊子和空花之中解脱出来。我们的心，一旦加工提炼，便会除去它的污染——烦恼和痛苦。通过修行，我们就会除掉我们的污染，并锻炼我们的心，成为明净。

站在禅的立场，烦恼与智慧，轮回与涅槃，不仅不是不同，实际上，它们根本都不曾存在。所谓"梦里明明有六趣，觉后空空无大千"。不论正面的或负面的，都是因了众生而说，在佛的程度是不必说、无可说的。

无我的四相

在《金刚经》中有提及四种相，即是无我相、无人相、无众生相以及无寿者相。实际上这四相都是讨论同样的事物，就是"我"。这里所提到的我，就是指那些属于我或虽不属于我，而却期望得到和不要得到的东西。除了那些我们已拥有而不希望失去，以及拥有却想除去的，还有那些我们没有却想得到或害怕得到的东西之外，没有什么是可以被称为"我"的。然而大多数的时间，我们并没有觉察到我们希望除去或得到一些什么东西，我们只意识到自我的存在。首先我们知道自己的身体以及它的需要，由于我们的身体需要某些物品，才感觉到"我"对这些物品的需要。身体使我们注意到我的存在。其次，心念的活动给我们存在的感觉。除了身体和心念以外，就没有"我"的感觉了。

事实上，是我们的心使我们经验到我的存在，身体如果离开了心，便不知道那是我。那么，什么是心呢？那是不断或连续流动的念头。

人可以通过宗教的行持，达到某种程度的经验，他会了解到那个平常经验的"我"，实际上只是一个虚幻的东西，主观或永恒的我原本是不存在的；它的存在只是因为身体的感觉、身体的需要，以及那不断流动的念头。这即是《金刚经》中所提到的"无我相"。

再说"无人相"。人的存在只是通过"我"的感觉反映到其他人及物的存在。基于自己的感觉，使我们经验到自己与他人的相对待。因此站在《金刚经》的立场：假如是无我，自然也无人了。如果我自己本身并不在那儿，同样地，他人也不存在了。这只是因为我们与他人及事物之间发生了种种的关系，我们才感觉到自己的存在。

我们知道目前这个世界上一共有四十亿的人口，但是，与我们每一个人自己相识的，是非常少的。我们所能深刻经验到确实存在的他人，仅是那些在利害得失之上与我们有关系的人。其他数十亿生活在这个行星上的人口，我们几乎不知道他们的存在，不论他们是否存在，至少并没有真正影响到我们什么。所以，他人只存在于他们与我们之间的关系上。当我不存在时，其他的人也就不存在了。

第三种的"无众生相"。包括所有那些或许没有必要与我们有关系，却仍然和我们共同生活在地球上的一切众生。那些修行已到达很高境界，而且已经能够解除他们本身的问题和困境的人，自然会对所有的众生产生很大的悲悯心。他们从已经解脱自己的问题，而去负担起众生的问题，于是众生的问题就成了他们自己的问题。这仍是有我的层次。

若从《金刚经》的立场说，如果主观的"我"不存在，客观的"众生"自然也不存在。佛陀说度尽众生，而实际上并无众生可度；众生已经被度了，度众生者并没有感觉到他已度了众生。所以，无众生相，也是无我相的异名。

第四种是"无寿者相"。这是从时间去看"我"的存在。它牵连到前面所提及的我相、人相和众生相。假如没有我相，则一个人寿命之长短将不重要了；但所有的众生都执着于寿命，他们希望活得长久，并避免夭折。因此他们寻求他们生命的安全感，他们期望现在和将来都有安全感，于是尝试用各种可能的方法来保护自己的生命；纵然已知生命有生必有死，却仍执着不放。然而那些已经无我相的人，不管他们明天死或一万年以后才死，对于他们都是没有差别的。当一个人已经体验到无我的境界，这些问题就已经解决了。

总而言之，有关无我相的"我"，归诸于个人的不存在；无人相的"人"，则指那些与我们相对待或有关联的不存在；无众生相则不只牵涉到"我"及你的不存在，而是包括了宇宙所有众生的不存在；最后，第四种无寿者相，说明时间的过程：从期望长寿而至不担心寿命之长短。

以上四相的前三者是空间的无我，第四是时间的无我。

无得失心

　　平常人不能想象佛陀的智慧，甚至阿罗汉也不能体会这种智慧。平常的人若要揣测佛陀所知，就好像要以萤火虫来照亮须弥山一样。平常人依赖他所学习到的知识，于是他们只能看到有形的物质世界，超出它的，他们便不能见到了。他们的经验和真相不相应，这种活动，正如幻想中的花儿的开放。

　　你不能马上证到最高的境界，但你或许可以得到一个小而浅薄的佛境之概念。《圆觉经》谈到的是佛陀的智慧，而不是平常人的；但我们是平常人，假如我们愿意停留在那种状态，那便不需要修行了。然而，只有当我们听到了有关佛陀的智慧时，才体会到自己只是平常人；我们了解还有更高的境界有待证悟时，这将协助鼓励我们的修行。

经典告诉我们，即使是已达到声闻的果位，还是没有达到佛陀智慧的境界。声闻行者已经从烦恼与轮回中超脱出来，但他们却不愿意以任何理由，再回到痛苦的世界来。声闻行者只希望证悟或已经证悟比较人间更高的境界，这有点像西方人观念中所期待的天堂。

有一回我问一个朋友这样的问题：“你为什么来这个世界？”他说：“我不知道我为什么来到这个世界。这里的痛苦多过快乐，所以不是我愿意来的。”他继续说：“开始时我为家庭而活，我尝试寻找快乐，但我已离婚三次。每次我都尽力争取，但我的每一位太太都获得我离婚时一半的财产，并带走了我们的孩子。”

再问：为什么你们来这个世界呢？为什么你们继续生存于此？是不是因为你们想要有成功的婚姻或舒适的家庭生活？两千年以前，中国有一位大将军曹操，在打过许多次的胜仗后，写了一首诗，他写道：“（人生）譬如朝露，去日苦多。”他是一个大英雄，一个成功的人，可是他仍然表达这种感受。对于我们，在我们的家庭、我们的工作、所有我们的生活中，到底是快乐比较多，还是苦恼比较多呢？无论我们想做什么，并想好好做它，我们都将做得很吃力，假如我们真正要它成功的话。生存对我们来说是一项挣扎，譬如婴儿挣扎着要走路；只有少数的儿童喜欢读书，但读书对于他们的将来却是重要的。这些挣扎、这些负担，在我们生下来时，便紧随着我们了。

于是我回答朋友的问题："我们来这个世界，有两个原因：第一是偿还我们过去世所欠的债，第二是挽救我们即身乃至永恒的未来。就是这两个原因使我们吃苦。"

然而我的朋友不同意，他说："我没有欠任何人任何东西。事实上，和你所说的正好相反，是她们（他的三个太太）先后拿去了我所有的东西。"

我告诉他："你可能忘记了你所欠下的债。"我问："你还会记得三年以来所曾做过的梦吗？"我的朋友说："那是不可能的。"他已同意了我说的理论。

或者你不会记得全部你曾做过的梦，但是你必须记住，生命正如一场梦。在死时，这个梦结束，并开始另一个新的。你怎么能够从一个梦中记得另一个梦呢？但你知道你曾做了一个梦，所以你也应当知道有轮回生死这回事。

可以这么说，我们必须挽救前世欠下的债，以使这些债不会再带到下世去。对于这点，我的朋友说："如果这是一场梦，那么我便不需要做任何事情了，因为不管怎样，这都是错觉。"但我回答："如果你不做一些事，你会感到遗憾的。"因此我的朋友做结论："那么我就必须努力，直至死的到来。生活有太多的痛苦。"

这些问题和答案，接触到了什么呢？便是平常人的生活和无可避免的痛苦。声闻行者已经从这种生活中解脱出来，但他们仍然还未有佛智的概念。让我举一个比拟以显示佛陀智慧之超越性。

有三兽同时在同一地点过河：一只大象、一匹马和一只兔子。当大象过河时，它知道河有多深，因为它的脚是踏在河底的；马知道靠近岸边的深度，但不知道河流中间的；兔子则完全不知河的深度，它只是浮在水面游泳过去。但所有三兽都可以渡过河流。兔子代表小乘声闻，马代表大乘菩萨，象代表佛陀。三者都越过了河流，他们都获得了智慧，在程度上却不相同。所以甚至一个高深境界的小乘行者乃至菩萨行者，也不能知道佛陀的智慧，何况是平常人。

一般的人们都是从书本上及学习中得到知识和智慧。普通来说，这并没有错，但最高的智慧，或甚至最深的情感，是不能以文字来表达的。很多实例显示了文字的功能极其有限。在很多例子中，我们在报纸上见到，有因战乱而年轻的孩子逃到了台湾，与大陆的父母分离了二、三十年，或恋人分开了数年，当这些人一旦重逢时，他们所能做的，可能只有互相拥抱着痛哭一场而已；不仅文字无用，语言也成了多余的事物。

　　动念的心需要语文的符号，但这种使用符号的心不能使我们达到很高的境界。通过这样的心理历程，我们只能得到有形而且有限的成就，它们将不会引导我们到达佛陀的智慧。

　　经典告诉我们，假如尚在轮回中的人，便不会进入佛陀的大觉智海。因为人在轮回的心中，有生死、得失的念头，它充满了烦恼。当我们希望得到快乐，并从不幸中解脱时，就是轮回心的活动。这正如你在口渴时喝下咸的海水，你愈喝愈感口渴，你愈感口渴便喝得愈多。快乐与幸福的意义是不明确的，它们是由什么构成的？社会地位，好的职业、名望，一个幸福的家庭？平常人说这是理想生活的标准，但这些东西不能维持多久。正如上面所举诗中说的"朝露"，它们在早晨的草上，是那么地美丽，但太阳上升后，很快地会使它们蒸发掉。它们的存在是很短暂的。

　　于是那些有轮回心的人会有两种态度：追求快乐和逃避不幸。这种态度是愚蠢的；但对于平常人，这又是自然的现象。假如平常人而没有这种态度，他们将失去生存下去的意愿。

　　追求快乐，正如狗在兜着树桩追逐它自己的尾巴；它一直在转圈子，以为它的尾巴是属于另外的一条狗或什么动物，但它永远追不到它。逃避不幸则如在阳光下行走的人逃避他的影子，他以为影子是邪恶的，他便以快跑来避开它，但他跑得愈快，影子也跟得愈快。这种态度只有使你疲倦。

　　我的朋友又问我："我们应以什么态度来面对我们的命运？"我的回答是这样的：不论什么要发生的事，就让它们发生；我们不必对未发生的事过分忧虑，但却应该未雨绸缪。假如它们是有益的，尝试使它们发生；假如它们是无益的，尝试使它们不发生。如果你生病，除了找医生治疗外，你还能做什么？如果你没有生病，你尝试使自己健康，但你不需担忧你可能会生病。假如你生病，不必诉苦，也不必与其他人作比较。假如你采用这样的态度于日常生活中，你会更加快乐。

这种没有得失心的态度便可渐离轮回的心。或者对于我们来说，能不能真正过这种生活是一个问题，但这是做为一位菩萨所应有的态度，菩萨不应引起他人痛苦，也不应为自己制造痛苦，但他们也不怕痛苦。在痛苦未生起之前，他们不会畏惧痛苦；当痛苦生起时，不会厌恶它，这样便不会有真正的痛苦。十五年前，越南有一位叫作广德的僧侣为了抗议政府排斥佛教的政策而自焚，或者有人问，假如那样以火焚身的痛苦可以忍受的话，则那些僧侣已可不把任何痛苦视为痛苦了。那当然是会痛的，但是不会因痛苦而起烦恼。

没有得与失的观念，不要为追求快乐而避开痛苦，不必为求佛果而脱离轮回。这就是佛菩萨的特征。

有人问我是否要钱、要寺院或是否希望受到重视等等。我说，如果这些是有必要得到而又可以得到的话，我不会拒绝的，但我不会因为求之不得而失望。

禅定·禅·神秘主义

　　我想在此与大家谈谈有关"禅"与神秘主义。禅是始于中国而非印度。很多人以为禅与禅定是一样的，禅即是禅定，禅定即是禅。事实上，禅是经过许多不同层次的禅定经验，或者毫无禅定的修持阶段而达到的一种境界。如果行者只是静坐，而未曾超越禅定的境界，那么他最多只能保持在内心统一和不动的阶段。这类行者假如进到动态和变幻的世界，将很可能失去禅定的工夫，他们内心也将进入一种迷惑、错乱的状况。假如一个人希望进入并能保持禅定的境界不退失，便需要不断地修持，最后是远离日常生活的世界，进入深山去修行，要不然，在他们卷入日常的人事干扰中，便会很容易失去禅定的境界。可是，即使他已失去禅定境界的能力，凭借着这样一次的经验以后，他也会异于平常人的。比较起那些完全没有体验的人来说，他将会趋向于更稳定，并将会对这个世间有更清晰的了解。许多人将称他为智者。

然而，修禅是不太一样的。最初使修行者的心达到非常集中或统一的状态，然后将这个集中的心粉碎或消失。在这时，心便将不容易再回到它本来散漫的状况，因为心已不再存在了。但是经过一段时日后，这个人可能又回到迷惑的境界。通常我对这些修行境界的介绍是：首先从散乱心进入集中统一状态的心，这是禅定的境界，到了最后阶段，这个充满、完整、实在的心消失之时，才是禅。在禅的观点，甚至统一状态的心，亦被以为是一种执着，执着于和小我私我相反的大我神我。

进入禅定的状况，自我是无限制、无边际的，但仍有一个中心为我们所执着。由于有这样的执着，便会把真与假的界限分得很清楚。宗教里那些受到崇敬的形象，经常会说他们所看到和所说的，都是真理，而其他人所说的却是谬误的、不正确的。这种说法是基于个人的宗教体验，以及他从这些体验而生起的坚固信心。在他们的体验中，他们对于真与假有一个很清楚的区分，这样的人经常会感觉到他已经离去了虚假的世界而进入一个真实的世界。一种抗拒虚伪世界的感觉将会生起，于是他不愿再回到他以前的状况，而希望保持在这个真实的状态中。因此，在这种排拒虚假，而坚持实际的挣扎之中，摩擦将会发生于这两种相对的世界。

禅，并没有真的或假的世界，也不会倾向于真实或排斥虚假，禅完全包含了真与假，因为它们是平等不二的。因此，禅宗有许多公案，若从平常的角度去看，似乎是自相矛盾，或者不合逻辑的，这是禅宗的一个特色。我自己经常这样提示我的学生："鸟在深海里游，而鱼在高空中飞。"这是胡扯吗？实际上，鸟与鱼，本来是没有名称的，在没有分别心的情况下，为什么不可称鸟作鱼？同样地，我们的生活也正同如此的情况，那又有什么需要去寻找一个真实的世界？为什么我们硬要把世界看成一团糟和不快乐呢？有了假才有真，见到真便有假，真假等视，真就存于假中了。

每个个体的存在是实际存在的，一切法的存在也是如此。现实是不必也不应与虚幻的现象分开的。禅即是如此，超越了平常又回到平常的世界。纵然知道如此，我们还是不能够说我们已明白什么是禅。一般人要了解禅的话，必须首先将心念修行至统一集中的状态，然后，将这种状态抛开，而返回到平常的世界来。到了这个阶段，才是真正的解脱与自在，而在同时，他又活跃地参与这个世界。

因此，若把禅与神秘主义拿来比较，我们可以说，禅者经历了神秘经验，但禅本身并不是神秘主义，而是踏实、平凡的生活。

因为当一个人深刻地经验了统一心的状态或者得到了禅的体验，便不会将这些经验视为不可思议或不平凡，相反地，这种经验将被视为实际和真实的，并没有什么神秘可言，只是正常、平常的生活。因此，站在这个角度，我们可以说，在普通一般迷而未悟的人所看到的，以为是不可思议和神秘经验，对一个已经达到统一心境或证得禅境的人而言，却是一个真实、平常、正常的世界。所以依我的看法，若在修道的立场来说，根本没有神秘主义者这样东西，如果有的话，只是学术用语中的一个名词。

第三篇 /

禅

前言

　　本书收录文学博士圣严法师在新罕布夏州松坛、纽约市大觉寺及禅中心所做的七次开示。第一篇开示泛论佛法，而非禅的专论。第二篇以极简明易懂的文字概括描述禅修对身体、心理、精神三方面的利益。第三篇是修禅者由初步打坐观心到初次进入禅门（即开悟见性）为止所经历各个层次的大纲。禅的修行是在进入禅门之后才开始的，故此篇所谈的不是禅的本身，而是引导修行人进入禅门的一张地图。对于正在修学却尚未进入禅门者，可依此篇所述判断自己离禅门究竟有多远，并能更清楚地知道禅门恰在何处。第四篇谈到禅的公案，包括某些现代美国人参究的体验。文中暗示参禅人，在临入禅门之前应有的状况，进入之后会体验到什么，还有开悟的各种层次，并略述参究的方法与禅师的风格。

另外就是这次再版增加的三篇：〈禅病〉、〈拜师〉、〈师徒之间〉及四篇的禅七开示录。

　　圣严法师出生于上海附近的乡村。十三岁时在当地一家寺庙出家。一九四九年加入国军，不久随军队由大陆撤退来台。抵台之后仍暂留军中，直到重新剃度出家为止。在台湾的时期他勤修禅法，深究经藏、律学及论疏，曾在台湾南部山中茅蓬闭关潜修六年之久。一九六〇年代末期法师赴日本立正大学留学，获文学博士学位。旅日之际更参访数名日本禅师，禅法造诣益进。一九七五年冬，圣严法师抵达美国，开始在纽约州布朗克斯大觉寺宣扬禅法，教化徒众。法师善能糅合中国禅与日本禅的风味，更长于观机逗教，逼拶禅人。

　　目前他在台湾与纽约两地弘化，不久的将来法师与弟子众将在纽约和加拿大成立禅中心。

附注：纽约"禅中心"已于一九七九年正式成立。

佛教的基础思想

诸位先生女士：

虽然诸位之中绝大多数是初次见面，但是佛教徒相信，人的生命从片段看，虽然是无常的，从本性看，却是永恒的；过去，没有起点，未来，也没有终点。生和死的现象，不过像是每天早晨起身后穿上衣服，夜晚睡觉前脱下衣服，第二天醒来再穿衣服，夜晚再把衣服脱下一样。每天的衣服颜色和形式可能不同，穿衣服的，却是同一个人。生是从死的结束而来，死只是另一次生的开始。所以，站在佛教的立场看来，生未必可喜，死也未必可哀。

因此，通过了过去的无数生和死的过程来看，不论诸位是来自什么国家、什么民族、什么社会背景和什么宗教信仰，现在固然是朋友，过去也曾经是朋友，今天

和诸位阔别的老友们重逢，心中有着无比的欢乐。今
后，只要"因缘"具足，我们也将常常有相互见面的
机会。

佛教所说的"因缘"，并没有神秘可言，"因"是
因素的意思，两种以上的因素相互发生关系，便称为
"缘"。比如说，我们全纽约的佛教界，为了庆祝美国
建国二百周年而举行特别法会，松坛的主人希望我们假
这个祭坛举行佛教仪式，诸位应邀来做观礼的嘉宾，以
这几个因素的相加，便促成了这次盛大的集会。此在佛
教而言，叫作因缘成熟。也就是多种因素的配合，必会
产生一种结果。

所以这个因缘的观念，与佛教的另一个叫作"因
果"的思想，有着密切的关系。有了因素与因素之间的
联络和活动，必会产生活动之后的结果，佛教将这前因
与后果的原理，透过过去的生与死和未来的生与死的界
限，用来说明人生的贫与富、贵与贱、幸与不幸的差
别，无非是由于各人自己的行为所造成的结果。

因此，如果你是一个佛教徒，你便会珍惜已经得到
的幸运。同时，你在不幸的时候，除了勇敢地设法改善
你的命运之外，你是不会埋怨谁的，因为那都是你自己

在过去世中的善恶行为，产生的结果。

也许有人希望知道，佛教对于我们这世界的完成乃至将来的毁灭，抱怎样的看法。告诉诸位，在佛教而言，叫作"因缘起"和"因缘灭"，由于因素的聚散和变动，便有各种现象的产生和消失，消失了又产生。人生是如此，家庭是如此，扩大来讲，民族、国家、世界乃至整个宇宙，无不如此。由于生到这个世界来的众多的生命，在过去的相同或不同的时间和空间中，有过相同的或类似的行为，它的结果，便是这个世界的生起。因为生到这个世界来的生命换了又换，世界的本身也在变了又变，直到毁灭为止。

佛教站在因缘和因果的观点上，说明了我们的世界，是由生到世界上来的所有生命，共同促成的。当没有生命需要再到这世界上来的时候，它就没有存在的必要了。当这个世界在太空中消失后，据佛经中说，可以容受生命的世界，尚有无量无数。

诸位先生女士，佛陀成道后发现的第一句真理，便是"一切众生，皆有佛性"，这是大乘佛教的精义所在。从佛教哲学的观点上，解释"佛性"的观念，分别有三派不同的立场：

（一）从现象分析，认识佛性，有以《成唯识论》为中心的唯识学派，此派以为人生宇宙的一切现象，全是众生的行为积聚的业识所变现，业识的本性无所谓善恶，善恶是在于分别执着的烦恼心，如果转烦恼而成智慧，便是佛性的显现。

（二）从本体，认识佛性，有以《究竟一乘宝性论》为中心的如来藏学派，此派以为，不论凡圣，众生的本性是一律平等的，而且是永恒的、寂静的、清净的，不过，凡夫的本性，好像被埋没在石头中的金矿，圣者便以修行的方法，从虚妄染污的烦恼心的深处，将佛性发掘出来了而已。

（三）从因缘论，认识佛性，有以《中观论》为中心的中观学派，此派主张，凡是因缘所成的，都是空的，此所谓空，是说世间的一切现象及观念，固然没有一样是永恒不变的，即使出世间的清净佛性，也不可用任何观念去范围它。唯有空，并且把空的观念也空掉，方是真正的自在和无限。佛性有自在和无限的特性，故也并非离开世间而有出世间，世间和出世间的不同，在于有没有从烦恼心中得到自在而达于无限。

所以，凡夫为解脱烦恼和生死的束缚而求成佛，成

佛之后，为救度众生，仍然在凡夫群中活动。这便是
"非空非有"的中观思想。

　　可惜限于时间，今天无法向诸位详细介绍佛教的修
行方法，相信因缘成熟的时候，诸位一定能有机会知道
它，所以祝福诸位早日成佛。

　　多谢各位。

（一九七六年八月十五日讲于美国松坛）

坐禅的功能

一、坐禅即财富

近世以来，由于科学的长足进步，为人类解决了不少来自自然环境、社会环境，以及生理和心理等各方面的难题。但是，等待着我们去解决的难题，也随着人类物质文明的进展而愈来愈多。实际上，直到地球毁灭的那天为止，自然环境加诸于人类的难题是不可能全部克服的，直到我们的肉体死亡的那一瞬间为止，对于身体的机能是无法完全控制的。至少，人类无法阻止太阳热能的渐渐消失，所以，地球的衰老与毁灭，将是无可避免的事。又由于人类无法阻止生理机能的渐渐老化，所以，肉体生命的必将死亡，也是无可避免的事。

然而，当地球尚可为人类居住的一天，我们应该设

法改善自然环境，使之更有利于人类的生活与生存；当
我们的肉体生命尚继续活着的时候，我们就该设法改善
身心的健康，使我们生活得更舒适愉快。这虽是现代科
学的课题，但却不能将此责任交给现代科学，因为推动
科学，要仰赖人类的智能和体能，要想发掘潜在于人
类身心深处的最高智能和体能，唯有坐禅才是最好的
方法。

坐禅的方法，虽是渊源于东方人的智慧，事实上，
不论东方或西方，凡是伟大的宗教家、哲学家，杰出的
政治家、科学家、艺术家等，多少均须得力于若干禅的
功能，即使未必采取特定的坐禅姿势或坐禅的名称，就
他们发挥出超乎常人的智力和毅力的本质上说，与坐禅
的功能是相应的，只是他们不知道那是出于禅的功能而
已。由于他们的天赋高于常人，故在不自觉的情形下，
能够得到若干禅的功用，使他们成为杰出的伟人。

我们既已知道，坐禅是发掘并发挥人类潜在智能和
体能的最佳方法。所以透过禅的训练不难把普通人改造
为杰出的伟人，将天赋低的人变优秀，体魄差的人变强
健，优秀者使之更优秀，体魄强健的变得更强健，使人
人皆有成为完人的可能。所以，坐禅是健全人生、建设

社会、改善一切环境的最佳方法。对常人而言，坐禅可以坚强意志，改变气质。在生理方面，可以得到新的活力；在心理方面，可以得到新的希望，对周遭的一切环境方面，可以得到新的认识。因此，坐禅能使你获得一个崭新的生命，能使你发现你是多么地幸福、自由和生气蓬勃。

坐禅的功能，主要是由于心力或念力的集中于某一个抽象或具象的念头而来。所以，在行、立、坐、卧的任何姿势，均可能发生禅的反应。不论是沉思、默祷、礼拜、读诵，乃至细心的审察、凝神的倾听等心无二念之时，均有发生禅之反应的可能。然而此等状态下的禅的反应，是可遇而不可求的，对于绝大多数的人是不易发生的，纵然在极少数人的身上，偶然发生一、两次，却无法求其经常发生。

正因如此，发源于东方的禅的修习方法，便成为必要。如果你希望得到它，而去跟随一位禅的老师学习的话，这方法将使得可遇而不可求的禅的经验，成为人人皆有机会获得的财富。

二、可贵的人身

求取禅的经验，不限定采用某种特别的姿势，比如正在病中的人、生理机能有残障的人，或者工作特别忙碌所谓席不暇暖的人，他们可以躺在床上、坐在轮椅上，或在巴士站、电车站、车上、工作房等的任何地方，或立或坐，均可照着老师所教的禅的方法，做数分钟乃至数小时的实习。

效果最大、见效最快的方法，当然是采取双腿盘坐的姿势。初开始学坐禅的人，尤其是中年以上的人，若想把双腿盘坐的姿势，坐到驯熟，并且享受到坐禅的乐趣的程度，必须先有忍耐两腿疼痛及麻痹的心理准备，两腿的痛和麻，也正是初坐禅者和他自己的怯弱面，做艰苦战斗的一段历程，当他通过了这段历程时，至少他的意志力，已战胜了他的畏惧艰难而不敢面对现实的退缩心理，在人生的境界上，他已悄悄地向前迈进了一步。

在所有的动物之中，唯有人体的构造，能够采取盘腿而坐的姿势。所以，坐禅的方法，只对人类而设，坐禅的利益，只有人类才有机会享受。

　　我们应该庆幸，能够生而为人，也该珍惜我们得到的人身。因为，从坐禅的实习之中，可以得到三大利益：1. 坚韧的体魄，2. 敏捷的头脑，3. 净化的人格。所以释迦牟尼佛，经常对其弟子们赞叹人身的可贵，并且强调，从天上至地下的各类众生之中，唯有得到了人身的众生，最适合修行佛道。

三、科学家所见坐禅的功效

　　坐禅的好处，是从身心的反应而被发现。根据日本京都大学（Kyoto University）心理学教授佐藤幸治（Sato Koji）博士所著《禅のすすめ》（*Zen no susume*）中的报告，坐禅有十种心理方面的效果：

　　（一）忍耐心的增强。

　　（二）治疗各种过敏性疾病。

　　（三）意志力的坚固。

　　（四）思考力的增进。

　　（五）形成更圆满的人格。

　　（六）迅速地使得头脑冷静。

　　（七）情绪的安定。

（八）提高行动的兴趣和效率。

（九）使肉体上的种种疾病消失。

（十）达到开悟的境地。

又根据日本的医学博士长谷川卯三郎（Hasekawa U Zaburo）所著《新医禅学》（*Shinizengaku*）中的报告，提出了坐禅的十二种功效，治十二种疾病：

（一）治疗神经过敏症。

（二）胃酸过多及胃酸过少症。

（三）鼓肠疾。

（四）结核病。

（五）失眠症。

（六）消化不良。

（七）慢性胃下垂。

（八）胃、肠的 Atonie。

（九）慢性便秘。

（十）下痢。

（十一）胆结石。

（十二）高血压。

坐禅的最高目标，固然在于转迷成悟。如果一开始便高谈迷悟的问题，除了极少数根基深厚的人之外，对于大多数的人而言，是不切实际的。所以我们不得不借助科学的研究报告，向读者介绍坐禅对于身心所能产生的效果。此对于已有实际坐禅体验的人，没有用处；对于希望尝试坐禅经验的人，则有若干诱导作用。

四、身心安全的保障

人们在日常生活中，对于自己身心了解的程度，是极其有限的，一个人在心理活动方面，每天究竟有过多少的念头波动起伏，固然无暇审察，即使刚刚滑过的一分钟之间，有过多少什么样的念头？主要的一、两个，或尚有点印象，许多微细的、一闪即逝的念头，就弄不清楚了。再从生理的活动方面探讨，细胞组织的新陈代谢，生灭不已，从常识上说，你是知道的，从感觉经验上说，你是无法知道的。当然，我们也没有把这些问题弄清楚的必要。

重要的是，处身现代工商业社会中的人们，不论从事学问或其他职业、不论为个人谋生活或为大众谋福利，处处均需要运用高度的智能及强韧的体能。但是，人们却很少知道，在其智能及体能的宝库深处，有着很大的漏洞，将大量的能源无谓地漏掉，同时，又不能生产出应该可以生产的足够能源来。这可称为能源的浪费，也是生产量的停滞，既未尽力开源，也未能适当地节流，实在是极其可惜的事。

这个漏洞是什么？就是各种杂乱的妄念，消耗了体能，降低了智能，妄念之中尤其是使情绪激动的强烈欲望、愤恨、傲慢、失望等，均能使得生理组织，发生震撼而失去平衡的作用。假如学会了坐禅的方法，你就能够减少那些杂乱及无益的妄念，使你的头脑经常保持轻松与冷静的休闲状态，当需要用它来解决问题的时候，便得以充分地发挥它的最高功能。又能使你的全身各种内分泌腺，保持着相互调配、合作无间的工作状态，促进交感神经系统与副交感神经系统的相互为用。

比如交感神经系统的脑下垂体、松果腺、耳下腺、胸腺等，有收缩血管、升高血压，使得全身的兴奋机能活跃起来；表现于外，则为反应机警敏感等的功效。副交感神经系统的副肾、卵巢、睪丸、胰脏等的内分泌腺，有扩张血管、降低血压、缓和兴奋机能的作用；表现于外，则为沉着稳定的功效。两者的优点相加，便可形成完美的人格，偏于任何一边，均有它的缺陷。

我们知道，由于工作紧张、用脑过度，或者由于某种外来因素的刺激，不论是狂喜、暴怒等，均能使得血管收缩、脉搏跳动的次数增加、血压升高、呼吸急促，结果，便可能形成脑溢血、失眠、心悸、耳鸣、神经过敏、消化不良等的病症。这是因为，当你的情绪在剧烈地激动之时，你的血液中，由于内分泌腺的工作，失去了平衡，所以出现了毒素。

内分泌腺在正常状态下是促进人体健康的。若失去平衡，便会对人体健康亮起警报的红灯。坐禅的功效，能使人将浮动的情绪，转化为清明而平静的情操，临危险，不恐惧；逢欢乐，不狂喜；得之不以为多，失之不以为少；逆之不以为厌，顺之不以为欣。所以它能成为你身心安全的保障。

五、身心的调和及解放

说得更清楚些，人体的交感神经系统与副交感神经系统，应该经常保持平衡发展，否则，除了在生理上的不健康之外，在心理及性格的发展上，也是不健康的。如果偏于前者，他将是敏感、自私、急躁、易怒和缺少友善、不得人缘的人。如果偏于后者，他将是浑厚、老成、乐天、和善的人。

前者发展的结果，好的一面，可能成为孤傲的哲学家、精明刚强的军事家、愤世嫉俗的书生；坏的一面，则可能成为刚愎自用、暴戾成性、顽劣不羁的人物。后者发展的结果，好的一面，可能成为悲天悯人的宗教家、宽宏大量的政治家、胸襟开朗的艺术家等；坏的一面，则可能成为没有理想、不辨善恶、不明是非、为人处事缺乏原则的烂好人。

当然，如果仅仅偏于一边的发展，那是决定倾向坏的一面，如已从好的一面现出特色，必定多少是得力于两者的调和。

坐禅，是协调全身的组织机能，步上正常的工作，并助其发挥最高功能的方法。下手处，是以调身、调息和调心的方法，减轻交感神经系统的负荷，冲淡主观意识的影像，将自我中心的界限，渐渐向外扩大，乃至忘却了自我的存在，主观意识便会消融于客观意识之中，到了这种境界的人，种种的烦恼，虽未彻底解除，对他已不会构成身心健康的威胁。

贪欲、瞋恨、不反省自己、不原谅他人、不分析事理而形成为烦恼的原因，即在于主观的意识太强烈。以为他虽与一切事物相对立，一切事物均不应与他的主观意识相违背。未得之时，他要追求；求得之后，可享受之事物唯恐失去，可厌的事物又唯恐脱不了手。求不到时，固然烦恼，求到之后，依然受着各种烦恼的包围。

唯有坐禅的方法，可将人们从自我中心的主观心态，渐渐地转变为客观心态，从主观的烦恼陷阱之底提救，冉冉上升至客观的自由世界，因而得到身心的解放。

六、长寿、愉快

减轻交感神经系统的负荷，与呼吸很有关系，常人均以肺部为呼吸的重心，坐禅的人，则将呼吸的重心，移至小腹，我们称它为丹田、气海，目的在以腹压为媒介，再以意志支配副交感神经系统、扩张血管、降低血压、松弛兴奋机能、大量分泌 Acetylcholine，产生镇定、安静、解毒的功能。

呼吸的重心，由胸部移至小腹，不是一、两天的工夫可以办到的。有些教瑜伽术及气功方法的人，即主张以腹式呼吸，来达成这个目的。不过，那种方法，并不能适用于所有的人，有些人的生理机能，由于先天或后天不同，如硬用强制手段，做腹式呼吸的实习，便可能导致疾病。

安全的方法，是顺乎自然，将注意力集中在呼吸上，勿求急功，保持平常呼吸继续实习下去，日子稍久，呼吸的速度自然缓慢、次数自然减少、深度也自然向下延伸，有一天，你将会发现你的呼吸重心，已从胸部下降到小腹去了。

腹部呼吸，能使储存在肝脏及脾脏内的血液，输送到心脏以发挥其功能。肝和脾有造血并储血的功能，在这血库之中，藏有人体总血量的三分之一，心脏及全身的肌肉内各占三分之一。肝和脾的血液，平常不进入循环系统，只有必要时，始适量地补充心脏内血液的不足。腹部呼吸，则等于为人体增加一个辅助心脏，使得循环系统内的血液量增加一倍。

血液量增加，输送营养的功能加强，能使已经萎缩了的细胞组织，赋予活力而健全起来，使得闭塞而将死的细胞组织，渐渐地复苏而赋予再生的机能。正因如此，坐禅能够治病，能够破除种种所谓奇难杂症、慢性病的病灶。

当你患了医药不易奏效的怪病之时，不妨学习坐禅。坐禅虽不能像割除盲肠那样，使得患者手到病除，但是它能安定你的情绪，减少对疾病的恐慌及畏惧，也能减轻疾病加诸你痛苦的感受。纵然，人的生理机能，有其一定限度的寿命，坐禅不能使你永远不老不死，但它能够使你活得较久、活得比较愉快有趣，乃是可以办到的事。

七、培养完美的人格

完美的人格，可从教育、艺术、宗教等熏陶之中养成，但那并不完全可靠。有些人迫于名利及权势等欲望的诱惑，接受了教育、艺术、宗教的熏陶，在人前也能表现出高尚的人品和圣洁的行为，他们的内心，却包藏着不可告人的熊熊野心和阴谋诡计。这些人，我们称之为双重人格。

因此，世间有受过良好教育的伪君子，也有藏形于教会之内、列身于教士群中的魔鬼。因为，不论是宗教的教条、教育的伦理、艺术的欣赏，均系由外来的灌输，甚至是权威的高压，这些与个人内在的欲求，未必都能够吻合。

坐禅，是培养完美人格的最好方法，它是由于内发的自觉，而达到人格升华的目的。不需教条来施予任何压力。伦理、道德，对于坐禅的人是没有用处的东西。而且，宗教的教条、伦理的标准、道德的尺度，均会由于时代、环境及对象的不同而失却其可通性。所以，近世以来的新兴宗教之出现，几乎如雨后春笋，乃至佛教也不例外。

禅虽脱胎于佛教，因其不假外缘，不立文字，故系万古长青的修行法门。坐禅的实习，是将"自我"这样东西，像剥芭蕉树一样地，一层妄念又一层妄念剥光之后，不但见不到一个装模作样的我，连一个赤裸裸的我也见不到的，起初是将自我暴露出来，最后则根本无物可让你暴露。

所以，坐禅的人，不必向别人掩饰什么，也不必为了改造自己而感受到来自外在的压力，更不需像忍受着痛苦割除毒瘤那样地挣扎的必要。

坐禅，只是循着修习的方法，渐渐地将妄念减少，乃至到了无念的程度，你自然会发觉你过去的存在，只不过是存在于一连串烦恼妄念的累积之上，那不是真正的你。

真正的你，是与一切客观的事物不可分割的，客观事物的存在，是你主观存在的各部分而已。所以你不必追求什么，也不必厌弃什么，你的责任是如何将你的全体，建立得更有秩序、更完美。

坐禅的人，到了这样的程度时，他将是一个热爱人类的人，也将是热爱一切众生的人。他的性格，将会开朗得如春天的阳光；纵然为了接引及教化方法的运用，在表情上也有喜怒哀乐，他的内心则必是经常平静而清澈得如秋天的明潭。这种人，我们称他为开了悟的人，或称之为贤者、圣者。

释迦牟尼佛曾说："一切众生无不具备佛的智慧和功德。"如果你向往坐禅者可能得到的利益，你的愿望必将成为事实。不论男、女、老、少，不别智能的优劣、体能的强弱，也不问职业、地位和宗教信仰，禅的大门是为一切人开放的。

只是有一句极要紧的话，必须告诉你，你看了这篇讨论禅的文章，这篇文章的本身，绝不等于"禅"那个东西。坐禅的事实，尚等着你下定决心，并以恒心来实

际地跟着你所信赖的老师去学习，否则，这篇文章仅仅
为你增加了一些知识的葛藤，无助于你希望学禅的一片
好心。

从小我到无我

一、禅是什么

　　首先我想告诉你的，禅不即是知识，知识并不离开禅；禅不即是宗教，宗教的功效，可以从禅而获得；禅不是哲学，哲学却无法超越禅的领域；禅不是科学，科学重实际、重经验的精神，亦正是禅的要求。所以请你不要以好奇的心理来探索禅的内容，因为禅不是东方人带来的一桩新事物，自从有了空间和时间以来，禅就普遍地存在于无穷大的空间，与无限长的时间之中。

　　不过，在东方的佛教，未传到西方社会之前，西方人不知道禅的存在，东方人来到西方所教的禅，事实上不是禅这个东西，只是由于二千五百年前，有一位出生在印度的王子名叫 Siddhārtha Gautama 的人，最初发现了禅，而开了悟，称为 Buddha 之后，告诉了我们认识禅的方法，这方法由印度传到中国，再传到日本。印度称它为 dhyāna，中国的发音为 Chan，日本的发音为 Zen，其实是一个东西。总之，禅是普遍而永恒的存在，它用不着任何人来传授，需要传授的，乃是如何亲自体验这个禅的方法而已。

有人把禅，误解为一神秘经验，或以为可以透过禅的经验而获得超自然的能力。当然，从坐禅的修习过程中，可能使你在生理及心理的感觉上，产生种种奇异的现象，也能够从身心统一的练习之中，达到以心力来控制或转变外在事物的目的。这些被视为宗教奇迹的现象，不是学习坐禅的目的。因为这些现象，仅能给人一种好奇心和夸大狂的满足，不能解决人们现实生活中的问题。禅是从问题的根本着眼，不先从外在的社会环境及自然环境的征服着手，而是先从对于自我的彻底认识做起，当你认识了你的自我是什么的时候，也同时消失了你现在所以为的这个自我。这个自我观念的重新认识，我们称它为开悟，或者称为见性，这是为你彻底解决现实问题的开端。结果你会发现，你的个人与全体的现实，是一个整体，不应分割也不可分割的。你自己有缺陷，才看到环境有缺陷，好像一面凹凸不平的镜子，里面反映的影像，也都是扭曲了的；又像波浪起伏的水面上，反映出来的月亮，也是不完整、不宁静的一样。假如镜面是光滑平整的，水面是风平浪静的话，镜中的影像、水中的月亮，就会使你产生如诗如画的美感了。所以，从禅的立场看人类所感受的苦痛与不幸，主因不在我们所处这个地球环境的恶劣，不在人类社会的可怕，乃在于未能认识自我的本性。

　　所以，禅的方法不是指导我们逃避现实，更不是教我们学着澳洲的鸵鸟那样，把向敌人做警戒的视线，收回来，藏到泥土里去，就以为一切问题都解决了。因为禅不是自我催眠式的唯心论者。用禅的工夫可以消除自我，不但自私的小我可以消除，并且把哲学上被称为真理及本体的大我也要消除掉，那方是绝对的自由。因此，一个成功的禅者，不会觉得各种的责任是负担，也不会觉得生活的条件是对人们的压力。他只觉得永无止境地发挥生命的活力，是绝对自由的表征，所以禅的生活，必然是正常的并且是积极的，它是愉快的并且是开朗的。原因是，禅的修行，是给你源源不绝地提供方法，开发你智慧的宝藏，开发愈深，得到的智慧愈高，到最后，全宇宙的智慧都为你所有，那时在你看来，包罗一切空间及时间，无一不在你的智慧观察范围之内，这时的智慧即成为绝对，既是绝对，便连智慧这个名词也用不着了。到这地步，使你追求名利权势的自我，或者逃避困苦艰险的自我，固然不见了，纵然是能使这自我消失的智慧，对你来说，也是不必要的观念了。

当然，一个修学坐禅的人，要想到达这个程度，从顿悟的观点上说，虽然极容易，在走向顿悟之门的历程之中，则必须先有一番努力。否则，修习的方法，岂不成了无用之物。

二、坐禅的三个阶段

目前，我在美国教的坐禅方法，共分三个阶段：

第一阶段，平衡身心的发展，达到身心的健康：对身体方面，我们注重行、坐、站、卧的各种姿势的示范和纠正；同时教授行、坐、站、卧各种运动的健身方法，这是综合印度的瑜伽及中国的导引，自成一套适合于坐禅健身，并有助于坐禅功效的运动方法。所以，一个坐禅而有了若干效果的人，他的身体必然是健全并且能够忍苦耐劳的。对心理方面，我们注重人的烦躁、多疑、忧虑、恐惧、意志涣散等情绪的消除，使之建立自信、果断、乐观、宁静和稳定的情操。

一个好学生，在我们这里上了五堂课至十多堂课，就可完成第一阶段，而能得到如上的两项显著的效果。所以我们有一位学生在其报告中说："我觉得打坐对我及另外好些人极有用处，我们无论由于职业性或习惯性，差不多每分每秒都在用脑的人，打坐确实是很舒服、很需要的一种休息和调剂，即使没有更远大、更重要的目标，仅仅这一点，打坐已经是一种值得的修行。"

我给每一班学生上第一堂课的时候，总是要问他们每一个人，来学坐禅的目的是什么？希望在身体方面获得利益，抑是希望在心理方面求取帮助？大多数是为了在心理方面求帮助而来学禅。可见今日生活于美国社会中的人们，在现实环境的强烈刺激和压挤之下，神经过度紧张，有很多人的心理都失去了平衡，除了严重到要去请教精神科医生之外，他们就来学习坐禅。我有一位妇女学生，她是某一著名大学非常优秀的讲师，初次见我，便问我能不能帮她一个忙，替她解除紧张不安的情绪，我说这对于学习坐禅的人而言，乃是太容易的事了。结果她在上了课之后，便觉得坐禅对她的生活乃是一大恩惠。

这第一阶段的方法很简单，主要是使你放松全身的肌肉和神经，将注意力集中于你所学到的方法上，因为肌肉和神经的紧张，关系着你的头脑的活动，如何减轻你的脑部的负荷，是关键所在。当你的妄念及杂念渐渐减少之时，你的脑部就可渐渐地得到休息，脑部对于血液的需求量便愈来愈少，使有更多的血液，遍流全身。同时由于你脑部轻松的缘故，全身的肌肉也放松了，因而血管放大，周身感到舒适，精神自然感到爽朗，头脑的反应也自然更为明快和轻松了。

如果仅为身心的平衡，而来学坐禅的人，学完第一阶段，大概就觉得够了。可是有很多的学生，经过了第一阶段，尚不够满足，有的学生根本也是为了第二阶段的目的而来。

第二阶段，从小我到大我：当在第一阶段的时候，仅能使你把混乱的心念，集中起来，练习注意力的集中之时，照样尚有其他的杂念，在你的脑海中或多或少地时隐时现。在观念上，你的目的，是为了身心的健康，为了使自己练习坐禅而获得利益。所以，纯粹是自我中心的阶段，谈不上哲学的理想或宗教的经验。到了第二阶段，便要使你从小我观念中解放出来。到了第二阶段，才是进入冥想（meditation）的程度，在练习老师所教的修行方法之时，要把小我观念的范围扩大，大到与时间及空间等量齐观，小我融入于整个的宇宙之中，与宇宙合一，向内心看时，无限深远，向外界看时，无限广大。既然已与宇宙合而为一，自己的身心世界便不存在了，存在的是无限深远及无限广大的宇宙，自己不仅是宇宙的一小部分，乃即是宇宙的全体。

当你在坐禅时，得到如此的体验之后，你便能理解到哲学上所讲的理念或本体是什么了，现象的存在，又是什么了。因为，一切现象，是本体的浮面或表层。以肤浅的观点看起来，一切现象，虽然千差万别，各有不同的性质，实际上，现象的差异，并无碍于本体的完整。比如我们所处的地球，虽有无法计算其类别的动物、植物、矿物，或气体、液体、固体，不断地在生灭变异，这是地球的现象。若从地球之外的其他星球来看地球，它仅仅是一个物体而已。只要我们能有机会摆脱自我或主观观念的束缚，站到全体的客观立场，来观察一切现象，就会把对立和矛盾的观念打消。假如再将本体和现象，用一棵树来做比喻，树，无论大小，若从树叶或树枝的各个立场看，它们是有差别的，各叶与叶之间，各枝与枝之间，也会发生互相摩擦的现象，若从树的根干的立场看，不论是树的哪一部分，无一不是统一的整体了。

在这第二阶段的过程中，能使你体验到，你不仅是孤立的个别存在，你是普遍地存在于深广无限的宇宙之中，你与环境之间的矛盾，不存在了，对于环境的不满、愤恨、喜爱、渴望，也即是排斥和追求等的心理，自然消失，你所感受到的，乃是宁静和充实，因为消除了自私的小我，能把一切人和一切物，都视为由我的本体所产生的现象，所以爱一切人和一切物，如同爱护小我一样，这就是一般大哲学家的心量了。

当然，一切伟大的宗教家，也必定曾经有过这第二阶段的体验，当他们从小我的境域中解脱出来之后，发觉自己的本体，即是全体宇宙的存在，自己与宇宙万物，无二无别，万物的现象是由他们的自体衍生出来。他们有责任爱护万物，也有权力支配万物，好像我们有责任爱护自己所生的子女，也有权力自由支配属于自己的财富一样。这就形成了神与万物之间的关系：把他们从冥想中体验到的宇宙本体，人格化而构成上帝的信仰；把上帝自爱这个大我的观念，具体化而构成救世主或神的使者的使命；把一切现象统一化而认作被创造及被救济的对象。结果，有些大宗教家，以为他们的灵的本质与神是相同的，由神的现实化而成为人，所以他们本身是救世主；有些宗教家，以为他们的灵的本质虽与神相同而不可分割，他们的肉体的现象，则为奉神之命而来世间传达神意的使者。

一般的哲学家或宗教家，到了第二阶段的顶峰，便会觉得他们的智慧是无限的，力量是无穷的，生命是永恒的了。但是，"我"的范围愈大，自信心的程度也愈强，强烈的自信心，实际上就是优越感和骄慢心的无限升级，所以称为大我，所以也并不等于已从烦恼中得到了彻底的解脱。

第三阶段，从大我到无我：人到了第二阶段的高峰之时，自觉到"我"的观念已不存在，但那仅是扬弃了自私自利的小我，并未能把本体的理念或者神的实在也否定掉，不论你称它为真理、唯一的神、最高的权威、不变的原则，乃至佛教所称的佛陀，如果你以为它是实有的话，那都不出乎大我的境界，均不出乎哲学及宗教的范围。

必须告诉你，到了第三阶段，才是禅的内容，禅是无法想象的，它不是一种观念，更不是一种感觉，不是可用任何抽象的理念或具体的事物来说明它的。冥想固然是普通的人通向禅之道路的应经过程，到了禅的门口，冥想的方法也用不上力了。正像用各种交通工具，把你一程一程地转运到最后一个地方，前面是一座高山的峭壁，这座峭壁，向上看不见其顶，向左右看，不见其边际。这时有一位曾经到过峭壁那边的人，向你指着峭壁说，禅的天地就在这座峭壁的那一面，通过峭壁你就进入禅境了。但是，他又告诉你，你别寄望用什么交通工具，飞越它，或者绕过它，或者穿透它，因为它是无限的本身，你不可能用任何方法通过它。

纵然是一位高明的禅师，把学生引到此处之时，也会觉得无能为力了，他虽是过来人，他却不能把你拉过去，正好像母亲饮食，不能使得她的不肯饮食的婴儿解除饥渴的道理一样。这时候，他唯一能够帮助你的地方，是告诉你，把你过去的一切经验，一切知识，一切你以为是最可靠的、最伟大的、最实在的东西和观念，全部解除，连你要进入禅境的希望也得解除掉。正像你要进入一座特别神圣的建筑物之前，那个守门的人，告诉你，不但不准携带兵器，连所有的衣帽鞋袜也要脱下，不但要一丝不挂，连你的肉体和心灵也要全部解除了，方许你进去。因为禅是无我的天地，当你心中尚有一丝凭借之物的时候，便无法与禅相应。所以禅是智者的领域，也是勇者的领域，若非智者，不能相信解除了一切的凭借之后，尚有另一个境界会在你面前出现；若非勇者，要把自你有生以来，不论是思想的或知识的，精神的或物质的，所有的一切，全部抛弃，是很难做到的。

也许你会问：要做如此大的牺牲，进入了禅境之后，又有什么益处呢？告诉你：当你存有这个问题之时，你是不能进去的，求取利益之心，不论为己或为人，都是有我的境界。中国禅宗的第六祖，教人进入禅境的开悟方法，是"不思善，不思恶"，也就是把我与人、内与外、有与无、大与小、好与坏、烦恼与菩提、迷与悟、虚妄与真实、生死之苦与解脱之乐等等的对立的观念，全部打消了，禅境与悟境才会发生在你的生命之中，使你获得一个新的生命，这新生命是你本来就有

而未曾发现过的。禅宗称它为父母未生你之前的本来
面目。这既不是肉体身心的小我，也不是宇宙世间的大
我，乃是不受任何烦恼束缚困扰的彻底自由。要进入这
样的禅门，并非易事，许多人学了数十年的禅，静坐了
数十年，仍然不得其门而入。如果你的因缘成熟，或者
遇到了高明的禅师，在他的悉心督促之下，进入禅门，
也不困难，他会采用种种使你看来似乎违背常情常理的
态度、动作、语言，做旁敲侧击的引导，使你很快地达
成进门的目的。当这位禅师告诉你，你已进门的时候，
你才发觉，禅是无门可入的，未入之前不见门在何处，
进入之后，门也并不存在，否则便有内外之分及迷悟之
别了，若有分别，仍不是禅。在第二阶段时，虽已觉得
我是不存在的，宇宙本体或最高的真理，仍是存在的；
虽然承认，一切差别的现象，不过是宇宙本体或最高的
真理的衍生，内在的本体和外在的现象，仍是对立的，
除非等到一切现象的差别，全部消失而回归于真理或天
国之时，才是绝对的和平及统一之外，当现象界还在活
动着的时日，矛盾和忧患、痛苦与罪恶，仍是免不掉
的，所以哲学家和宗教家，虽见到了本体的宁静，却无
法驱除现象的混乱。

进入了禅境的人，所见的本体和现象，不是两样对立的东西，甚至也不能用同一只手的手背和手掌来做比喻。这因为现象的本身，就是本体那个东西，离开现象，并不另有本体可求，本体的实在，即在于现象的不实在之中；现象是变幻不已的，没有常态的，这就是真理。当你体验到了现象不是实在的东西之时，你便从现象造成的一切的人我、是非的观念，以及贪欲、愤恨、忧虑、骄慢等的烦恼心中得到解放。你不必追求宁静和清净，也不必厌恶烦恼与杂秽。你虽生活在现实的环境之中，任何环境，对你而言，无处不即是清净的佛土，未悟的人看你，你是平常的人，你看平常的人，则无一不与诸佛相同。你自觉你的自性与诸佛的自性一样，佛的自性普遍于时空，所以你会不期然而然地运用你的智能和财力，普施于一切处、一切时的一切众生。

这是我向你透露了一点进入了禅的悟境之后的心境，也是从小我而到无我的修行过程。不过，最初开悟而进入禅境的人，在禅境的历程上，尚在起步的阶段，好像一个从未喝过葡萄酒的人，初尝一口，他就知道葡萄酒的滋味是什么了，喝过之后，葡萄酒不会永远留在他的口中。禅的目的，不是教你浅尝一口即止，而是要你把整个生命，与葡萄酒融合为一，乃至忘却了你或葡萄酒的存在为止。因此，初入禅境，不过是初尝一口无我的葡萄酒而已，尝到一口无我的滋味之后，还有多少路程要走？尚有怎样的景色可见？如有机会？下次再告诉你吧！

公案

　　流传到今天的"公案"，是禅宗师徒间的对话、教诲和名言。"名言"不专指言语，因为往往师父和弟子都没有说话。禅宗"不立文字"，所以不光是指文字、语言而已，还包括了所有的沟通方式。公案里的动作、说词只不过暗示答案，并不直接提供答案。

　　一个对"禅"体认不足或不了解禅修特质的人，公案对于他，就像是疯子间的对白而已。大致说来，容易懂且含义相当明显的公案最浅，而莫名其妙、语义不明的公案程度比较深。所谓"悟"，有各种不同的层次，禅宗师徒间的对白常常反映这一点。此外，悟到很深境界的人，通常可以分辨出某个公案属于某个层次，甚至同一个公案内，这一句是指这一个层次，而另一句所指则是另一个层次。

昨天有一个学生问我："学生能不能分辨'悟'的不同境界？他的师父能不能看出他有没有进步？"我回答说："学生不进步的话，他当然不会有什么感觉。但是如果他真的有进步，各种层次的差别就会很明显，几乎可以说就像单身生活和婚姻生活的差别一样。学生应该可以感觉到他有没有真正的进步。当然，他的师父也应该看得出来，假如他看不出来，他大概不是个很好的老师！"

我在禅七的开示中也常说："一个人未入禅门之前，用功用到不知自己在吃什么，在喝什么，不想睡觉，眼前的景物视而不见，周围的音声听而不闻，虽然如此，但还是没有进入禅门。"这个阶段叫作"忽略现实"。入门之后，他才能恢复一种比较正常的心态，他的自我、自卑感，都会减少。

有一个公案提出这么一个问题："尼姑是什么做的？"回答："是女人做的。"这仿佛是个很平凡的答案。如果平凡人说出这个答案，就没有什么稀奇。但是一个下过苦功的人说出这个答案，就表示他已经开悟了，只是悟的境界不见得很深。打禅七的时候，一个学生经过一番用功，终于入门了，我问她："你在哪里？"她说："我在这里。""你坐在哪里？""我坐在椅子上。"像这种悟境虽然不很深，但的确是入门了。——此时她已经恢复了一种比较正常的心态。

今年打七的时候，我告诉一个学生："如果你给我的答案跟去年一样，我就要打你香板，因为你并没有进步。"刚开始几天，他仍然给我同样的答案，而在一回小参报告的时候，我拿了一支香板问他："这是什么？"去年他回答说："是一支香板。"但是这一次他迟疑了，不敢讲同一个答案。他想了一下，说："是佛性。"听到这里，我又打了他一顿香板。

从知识的观点来看，说"香板"是很正确的。从佛法的观点来看，说是"佛性"也没错！不过，这个答案，并不是发自他的自证，所以挨打是应该的。

另外有一个学生，下了几天的工夫后，来找我谈。我手上刚好有一朵野花，就问他说："这是什么？"他回答说："一朵花。""什么颜色？""黄色。"我打了他一顿香板。他很不以为然，说那个真的是一朵黄色的花。我又打了他，并说："这不是花，也不是黄色的。"他又继续不眠不休地用心努力了一天半，然后来找我。这次我手上有一根地上捡来的枯枝。他从我手上拿过去，然后又递还给我，说："我没有话说。"我说："好。顶礼三拜。"

这些都是活生生的公案。你们大概没有几个人能了解这些举止背后的意义。这些事看起来大概就是疯疯癫癫而已。不过，一个学生不应该认为他可以装疯以得到我的赞许。这是根本没办法做假的——有人想装的话，他一进到方丈室，我就会打他，赶他出去。前一阵子有一个学生来找我。他骄慢地直视着我说："师父，您可以考我。"他说完，我只是看着他。他又说："您可以考我。"我还是看着他，然后，他低下了头。我跟他说："你很有勇气，可是你没有用功。你这样子永远入不了门。"很奇怪的，这个学生现在很少来了。

前一个公案，我跟学生说："黄花不是花，也不是黄的。"我这样做，就不是个好师父，因为我这么一说，省掉了学生三年的苦修。事后我问他："你入门容易吗？"他说："不容易。""没有师父，你可不可能入得了门？""不可能。"其实我对我的美国弟子很宽厚，给他们提示、指导，让他们更快入门，以便尝得一点禅味。不过这些学生证到的境界实在很浅，所以我不断地提醒他们这一点，劝他们不可以骄傲。因为到了这个程度，虽然他们的信心已经建立不会退转了，可是如果不继续努力，他们的修行工夫还是会退的。

打七的第六天，另外一位学生得到了一个提示，这提示是日常法师给的："鸡蛋跟石头碰在一块儿，石头破了，鸡蛋好端端的。"可惜这个学生没能善用这个提示以达到更深的境界。又如："人在桥上走，桥流水不流。"这类公案看似费解，但是我们只要上到另一个层次，这些又变得平常无奇了。

所以，修行应该这样：从日常、正常开始，用功以后，一切都变得不正常，然后，经过一番生死挣扎，踏入了禅的门，又恢复到了正常的境界。但是千万不要误会，这里所说的"正常"与一般未曾禅修者的"正常"大不相同。虽然到了这个阶段，修行人的脑筋清晰，但他还要向前迈进，直到他又进入另一个不正常的阶段。

"你在哪里？""我在这里。"之类的公案可以代表刚入门后的正常阶段。"鸡蛋碰石头"的公案代表第二个不正常阶段。这第二个不正常阶段之后又有更深一层的正常阶段。禅师们已经用各种方式说明了进步的种种阶段。有的禅师说要通过三大关，有的设定四个阶段，实际上，这些都是粗略的分类而已。大致说来，一个人可以反反复复经过几十次或几百次的蜕变，从不正常到正常又回到不正常，从否定到肯定再回到否定，才能达到完美的地步。若想在一生中走完这个历程，一定要全心全意地用功一辈子。

修禅定怎么可能改变人的观念和态度？这是因为修禅用极大的压力，发掘一个人隐藏的心力使之彻底发挥。这跟肉体的力量一样。我们知道我们身体隐藏着巨大的体能，在遇到紧急的逼迫时就能发挥出来。譬如说，一个人平常跳不远，但是如果有老虎追他，他会突然产生一股力量，跳得比想象中所能跳的还远。或是一个人站在危墙下，墙开始倒下来，这个人忽然生出力量把危墙推回去。像这样的事都曾发生过，你根本不知道这力量发自哪里，可是你就有力量做得到！所谓"置之死地而后生"，修禅就是把学生逼近死地，迫使他发挥潜在的心力以自救。

我教学生的方法是这样子的，学生的心神首先要能达到相当程度的集中；他若不能集中，就根本无从修禅。能够把心神集中到某一种程度之后，就要进步到一个类似"三摩地"的阶段，或是一般所谓的"冥想"。到了这个程度，心力集中，杂念不起，才可以开

234 · 禅的体验 · 禅的开示

始参禅。

公案所表现的精神，就是人与法合一。"法"是什么呢？法就是释迦牟尼佛在菩提树下悟道所体会到的，是不可言喻的；它无所不在，无一不是。修禅的时候，心法合一才能发出法的力量。公案里所讲的，听起来也许荒诞不经，但确确实实是与法相应的，由法自然地流露，因为师父的心与法已融合为一。因此一定要拜一位师父，因为师父代表着活生生的法。

打七的时候，我告诉弟子，应该感谢他们的师父，应该向我顶礼。他们向我顶礼后，我问他们："你们是向我圣严顶礼，还是向你们的师父顶礼？"他们回答："我们的师父。"圣严自己没有什么特别，他只不过是扮演着代表法的师父的角色。当弟子和法、师父，相应为一时，他就是开悟了。

禅病

通常人有对自己、别人、众生和寿命四种错误的执着，而这四种相都源自于对"我"的执着。现在，我们以一个禅修者的观点，经由不同的禅修阶段来体验这四相的存在。并试着了解一个禅的修行人，有这四相的执着时，会发生什么问题，以及解决这些问题的办法。

这可分成三点来讨论。第一点，我们来看看这四种错误观念所造成的我执，是如何显现在禅修者的行为上。第二点，我要告诉各位，一个有经验的修行人其修行过程，和有助于他避免偏差的方法是什么？而第三点，我们要大致说明禅修者在修行过程中应有的态度。

已经禅修多年，并且修行有成就的人或许认为自己已经达到了 pure wisdom 的程度，达到我执已破、入涅槃的境界。其实，一个人要是认为自己已经开悟了，一定是还没有悟。这种人还有我执；有一个开悟的"我"，这是我执的明证。

悟不是目标、不是感觉，也不是可以达成的境界。悟如果是这些的话，就是有形有限，因此还是虚幻的。要是把悟看作目标，并有个"我"得到悟境的利益，那么离智慧还很远。

听完我说的话，你或许会认为你懂。可是一个初学的人很难理解这些经验所带来的喜悦。假设经过长时间的修行之后，你体验到"无我寂灭"的感觉，这时候，你的内心狂喜不禁，你可能会感叹："真的破我执，入涅槃了。"但是你果真进入涅槃了吗？既然还有入涅槃的我存在，那么最高的境界就还没达到。但是这种体验的震撼太大，连有经验的修行人都可能受骗。

刚才说的这段话是第一个例子，说明错误的我执所产生的偏差。现在来看看第二个例子。

假设一个人修到我执、法执皆破的境界，他会感到完全放松、无拘无束、天人合一，而不在乎天己的关系，因为他的我执已经没有了。他的境界不是喜悦，而是自在；他不会欢喜跳跃、大叫涅槃已成。但是不管修行人自己认为已经得到了什么，这种情形还是有我执。

达到这种境界的人，一旦从境界中出来，他可能扬言他了解涅槃，他已经见到了佛的法身，他已经得到了究竟圆满的智慧。如果你的静坐工夫比不上他而反驳说："少讲废话，你只是在鬼混。"他极可能辩赢你，因为这种修行人往往很执着他的成就；你不信他，他就会很懊恼。他可能会回答说："你没有过我这种经验，所以你不懂。"

更糟的是，旁边也许正好有人自认对涅槃的了解，以及自己的修行成就与经典所言完全吻合，从而肯定这位修行人的话。这个旁观者可能会说，因为他也经历过类似这个修行人的经验，所以，他可以肯定这些经验的正确性。第一个修行人听了一定很高兴，认为支持他的论调的人，才是真道友也。

据说入了涅槃就放得下，很自在。这位修行人听到赞美就高兴，被骂就懊恼，这算什么自在？他的涅槃似乎大有问题。或许这位修行人听到这个结论的时候会这样回答："我对褒贬的反应纵然不同，但这不是为了自己，既然我的我执已破，我实在一点都不在乎。不过，为了维护佛法的尊严，我谴责违反佛法的人、赞扬符合佛法的人。"

我们还能怎么说？要评估这种人的成就是不可能的。重要的是，如果因为得了这种境界就认为："哇噻！我已证涅槃、破我执、入佛智啦！"那么他就没有入涅槃。涅槃、轮回、时间，都如梦般消失才是入涅槃；无乐无悲，心中定静才是入涅槃。

说悟也是梦，或许听起来很怪；了解轮回也许比较简单。但是要说两个一样是幻的话，那么修行人所走的，无疑是一段无奈的历程，因为他拼命地要摆脱一场梦，为的只是步入另一场梦。其实，悟本身不是梦，悟的概念、悟的成就才是真正的梦。所以轮回中的众生活在梦中，这个梦里悟的观念，事实上不过是一个执着的对象而已。一旦真正悟了，悟就不再是梦，悟就不再存在。真正开悟的时候，悟就消失了。

修行人就好比一个攀登琉璃山的人，山又陡又滑。登山的人打着赤脚，而更糟的是，满山都上了油，所以他每次奋力爬上去就滑下来。

他锲而不舍地爬，爬到筋疲力尽，倒下来睡。睡醒以后，山都不见了。他发现他所做的努力只不过是场梦，根本没有必要爬，也没有进步可得。但是在梦里，确实有一座山，而修行人如果在梦中没有尽力去做这不可能的事——爬上那座山——他就无法梦醒。

因此，修行佛法的时候，必须想办法脱离轮回证到涅槃（尽管这是不可能的事，因为两个都是虚幻）。如果在修行过程中你体会到这种开悟的境界，要记住，这还是梦。

到目前为止，我们谈到的是那些执着我的存在，自认已经开悟的人。我们的第三个例子，要检讨相反、但同样是错误的情况。在这种情况下的修行人说他对于褒贬、俗事，甚至自己的修行，都毫不动心，因为他了解没有涅槃，也没有一个可入涅槃的我，并且世界也只不过是毫无意义的梦幻泡影。这种观点相当糟糕，而对修行人来说，可能比前面所说的两种误解还更危险。

在前两种误解的情境下，修行人死后也许可以到因修禅定而抵达的各层天去。但是第三种修行人的误解却引诱他停止修行。假使他继续修行，也可能有福气进入无色界。可是如果他认为一切都是假的，所以一切都不重要，而中止修行的话，死后就会堕入畜生道，无法进入天、人两道。他的堕落是因为愚痴。

大家不要以为这三种误解都是稀见少有的（精进的修行人很容易遇到上述的境界）。因此，你可以了解一个师父有多重要，他能引导学生避开这些陷阱。没有这么一位向导，修行人虽然自信修的是佛法，却很容易走偏。

（一九八四年六月二十四日讲于美国纽约）

拜师

释迦牟尼佛曾经说过："佛的智慧与功德之深广，唯已成佛者方能测知佛的智慧与功德之深广。"一位师父的修为只有透过另一位已为人师父者才能给予评价。做弟子的，是无法衡量师父的成就如何，他所能做的乃在熟悉佛法的正见，并且辨明师父所教有否与之相违背。

佛法的正见包括三个基本原则，那就是因缘、因果与中道。现在就来一一说明它。所谓因缘，佛法说，凡一切相都是虚幻的，没有自性，完全依赖因缘而显现。所谓因果，因与果在时间的流程之中彼此紧密地互为关联，不论是过去、现在、未来，一切造作的行为与其因果有关。所谓中道，就是要离开所有的极端，像执空或执有，都是错误的。只有不走极端的中道，方可遵循之。

为人弟子必须能辨明邪见。有的传教师认为有外在的法（现象）存在。例如有神论者主张有外在的灵魂常在永恒的上帝管辖之下。另外有人相信，诸法没有因果关联，所有的事情都是偶然发生的。物质主义者则承认在物理世界中的行为有因果关系，因为这种因果可以实验证明，但是却否认有控制一切众生的业报因果律。因此，学生在寻找真正的师父时，必须谨慎小心。

如果一位师父的教法与佛法正见相应，那么他已经具备当真正师父的最低要件。而弟子选择师父的时候，他应该关心的是，师父是否有正见，而不必在师父的个性与行为上挑剔。

但通常弟子会注意师父的个性与行为，尤其是当他根据师父的教法来评判师父时，会尽量寻找师父言行不一致的地方。这样一来，问题就发生了。如果师父的行为与他自己所揭示的标准不符，弟子的注意力就会渐渐地只放在师父的缺点上，而对于他的言教完全失望。因此，他既不会真正地修行，甚至对于修行也失去信心。

为人师父者总是会遭受弟子的批评。师父已经悟道，不必滞留在尘世之中，但为了利益陷于愚痴泥淖中的众生而留住在俗世。当他生活在俗世之中时，他难免会暴露自己的弱点。跟每个人一样，他必须吃饭、大小便、穿衣、上街等等。很多人看到师父如此，非常惊讶：“天啊！他吃饭呢！既然跟我们一样要吃饭，怎么能够当真正的师父呢？他跟我们一样需要洗澡哩！他怎么能和我们完全一样呢？”

虽然在外表上师父与弟子们同样有缺点，但是要记住的是，他的心是纯净的。如果他的心不清净，所教的法必定有缺陷。

有些宗教的教师宁可隐藏个人的生活实况。你看不见他们吃饭、睡觉或使用浴室。只看见他们端坐高堂、穿着庄严、容光焕发、清净严肃，像是上帝的代表。

我常常讲，你们不应该把我看作神或菩萨。我与你们完全一样，饿了要吃饭，困了要睡觉。事实上我相信我会打鼾，因为自己听不到自己的鼾声，所以不能确定。

上次禅七之中，有一天晚课时，我去拿一件课诵用的法器，因为我很疲倦，竟把它掉落地上。我当时就想，人老了最好不要当师父，因为身体不听心的指挥。如果弟子看见师父外在的疏忽，他们会模仿这种错误。

当然，在做蒙山施食的时候，如果大家掉落东西，失误连连，我会很不高兴。我可以犯错，那是我的权利，但是我的弟子没有这种权利。

甚至师父明知说谎、偷盗、追女人是犯戒的，却偏偏做了，甚至他在弟子眼前做这种事；但是，只要当弟子们犯错时他能纠正他们，他仍然是个真师父。这样的师父当然会受到自己犯错的恶报，但是那是他个人的事，与别人无关。

大多数弟子不了解这一点，因此问题就产生了。最糟糕的是，有些人完全不知道修行的目的，跟师父学法只是为了凑热闹。他们不注意师父的所教，却注意师父的行为而加以模仿。如果师父犯戒，他们也照犯。不同的是，他们犯得比师父还严重。如果师父破戒的时间有十分之五，他们破戒的时间便有十分之六。如果师父咒骂一个人，这些弟子会立刻咒骂其他人。如果师父坚持说，弟子与师父不同，不可以犯错，这些弟子也会告诉别人："我可以这么做，但是你们不可以。"这种弟子盲目而无方向，他们没有正见，徒使恶业增长。

我们在美国所听到的有关佛教师徒的道德问题并非现在才有，释迦佛时代就有同样的问题出现。佛陀在世

时有位名叫提婆达多的弟子，他所立的戒条比佛陀的
更严格，他自己也拥有许多的徒众，他指责佛陀过分
放逸。

　　谁的观点正确呢？这是有关正见的问题。释迦佛既
不禁止也不鼓励提婆达多的苦行，他说苦行生活对于陷
入愚痴黑暗中的人有用，但在其他方面没有什么意义。
佛的意思是强调中道：既不执迷于苦行，也不沉溺于享
乐。提婆达多的见解则落入苦行的极端。从正见的立场
来看，佛的观点才是正确的。

　　佛教史上经常辩论这个问题：持正见与守戒律，哪
个比较重要？禅宗有句话这么说：修行人应将正见看得
比什么都重要，而放松戒律。如果学生把这句话加以实
行，可能会破许多戒。这就不对了。这句话是站在弟子
对师父应有的态度的立场而说的：弟子对师父的教法应
该珍视，但是对于师父行为上的缺陷应该睁一只眼闭一
只眼。

　　师父行为上的缺失是他自己的弱点或疾病的征候。
弟子不应该也想感染同样的疾病。学生所要找的师父，
只要教的法与佛法相应就可以。找着了师父之后，学生
的责任就是把师父所教的法应用在自己的生活中，并且

只应用在他自己的生活中。如果他能做到这点，他的成就便很大了。

（一九八四年七月八日讲于美国纽约禅中心）

师徒之间

　　一个修行人不应该为了师父器重他、亲近他、喜欢他而得意。相反地，如果师父把弟子赶走，弟子也不应生瞋恨心。同样地，师父也不会因为身边有很多弟子围绕而沾沾自喜，他的弟子全部都走了，他也不该沮丧；那是由于种种因缘，所以他们又离开了。

　　但是要维持这种泰然自若的态度，是很不容易的。一般人在衡量自己的优点时，很难不偏袒，也不情愿面对自己的缺点；或者反过来藐视自己真正的优点。自轻与自傲表面上虽然不同，实际上是同样的一件事。

　　一个没有安全感或认为自己没有用的人，往往会看轻自己。如果安全感的缺乏导致一个人这样想："我这种人还能有什么成就，我什么都不行！"那就产生负面的影响了。

然而，缺乏安全感也有它积极的效用；它可以促使一个人向目标迈进，名利双收，而且赢得尊重。那时他可能会觉得："我的成就很不简单。别人没有我好，因为我做得到的，他们做不到。"这就是自傲。

这儿有个例子：一个公司老板在训诫公司的职员时说："你想要加薪吗？你想想看，没有我，你就没有工作。你依赖我的智慧和努力。你有我这种程度的时候才可以来跟我谈条件。"这个老板实在很骄傲。

指导精神生活的师父，表面上看来也可能很傲。一位师父可能说："我已经修行了很多很多年，参访、跟随过很多明师。现在我已经登峰造极，而你们这些弟子还没修到这种境界，你们的境界比我还差得远。如果要跟上我的话，还要走很长的路！"这位师父的态度是不是充满傲气？

一个禅师可能跟一个独裁者一样，可是光看态度，还不够判断这位禅师是不是很骄傲。关键在于他心中有没有傲气。

有一次我跟两位徒弟一起坐车，他们是一对夫妇。他们问我："您最近有没有什么问题？"我回答说："好像没有什么问题。"那位先生没说话，可是他的太太说："师父，我一看到您，就知道您很傲。俗语说得好：'除非亲身体验，不然就无法了解问题。'师父，您怎么能避开问题？"显然地，她认为我有傲气。

我现在要说明我的态度——我如果决定做什么事，那我做这件事所遇到的障碍，对我就不成障碍。办不到的事，我不愿浪费时间去做。因此，对我来说，没有什么事构成问题。我这种态度算傲吗？

一件事情如果办得到的话，不管会有什么障碍，办这件事就等于没有困难。但是一件不可能达成的事，比方说生小孩，我就办不到，因此，我也不会为它而产生烦恼。所以，你要看一个人傲慢或是缺乏安全感，不要看他的行为，而是要仔细观察他的动机。

假设到禅中心来的人和去哈瑞奎师那（Hare Krishna）或超觉静坐中心的人一样多，我可能会说："我以前不能跟他们比，可是现在我已经和他们并驾齐驱了。"这是傲，因为我在跟别人竞争，拿自己跟别人比。

我们实在不应该跟别人做比较，根本没有这种必要。跟别人比，总会发现他不是比你矮，就是比你高。即使两个人身高一样，你可能还要再看一眼，瞧瞧谁瘦谁胖。

我有一次看到一个女孩子走在街上，一面走一面看对街的女孩。她看了看那个女孩的漂亮衣服，再看看自己的洋装；她注意到那个女孩走路的样子，然后又看看自己的姿态。也许那个对街的女孩给予她深刻的印象，所以，她就拿那个女孩的漂亮衣服、高雅的走姿和自己来比。这一比较，不是失去信心，就是得意忘形。这个例子当中的女孩她失去了信心，可是要是她的衣服、走姿比对街的女孩好的话，她就反而会洋洋得意了。

中国历史上春秋时代的越国，甄选出全国最美的女人，这个女人就是西施。她因为有心痛的病，当病发的时候，手捧心、蹙眉，结果看起来更有另一番美。那时，越国另外有一个丑女，叫作东施，她也学着西施捧心、蹙眉的姿态，可是一味的模仿，却达不到她追求的效果，反而愈学愈丑，这就是"东施效颦"的典故。

几乎每一个人一生中会有一、两次说："我实在不行！"其实这样说只是要别人夸奖你而已。在这种缺乏自信的情绪下，你可能会觉得周围的人对你极不友善，而你也是罪有应得。可是假设一个人过来跟你说："在很多方面，你实在是个大好人。"你会觉得怎么样？你的情绪就变了："我毕竟还是有些优点。"

　　没有一个凡夫不喜欢赞美，没有一个凡夫不想要别人赞同，连动物也是这样。你有养狗的话，对它说："小狗好乖！"它就会很高兴，可是你骂它："你这好吃懒惰的脏狗！"你可能把它的一天全给毁了。

　　凡夫有自傲、自轻，这是理所当然的事，走到极端才危险。如果你觉得你完全没有用，就像垃圾一样，那么你缺乏自信，已经到了很严重的地步了。如果你傲到觉得自己无所不知、无所不能的程度，那你可能变成一个希特勒或斯大林。

　　反过来讲，禅师比较可能有傲气，较不会缺乏安全感，因为没有安全感，不能成为禅师。自卑的人会说："我不够格当你的老师。我怎么能当师父来教别人？"这么一个人没有自信。

　　不过，在修行过程中产生自尊、自重是正常的。你应该有这种感觉。有了自我尊重就表示信心更强，因为修行的结果，你逐渐会注意到别人所忽略的；有了这种体认，就会有慈悲心。修行人认为所有的人都可怜，而由于慈悲，就想帮助一切人。而师父的责任就是教导他的弟子，让他们脱离愚痴，当愈多人来找他，他就愈觉得责任之重、使命之大。

　　我现在问各位一个问题。假设一个徒弟这样说："我已经跟过很多师父，所以就等于没有跟过任何师父。这些师父不可能教我东西，因为我所学到的，全是我教自己的。其实，他们应该感谢我——就是因为我当过他们的徒弟，他们才能成为人师，所以，该说谢谢的是他们。"这种态度对吗？

　　或者一个弟子可能说："我只想停留在海中，我很满足了。师父你若从此岸把我带到彼岸，那不是我想要的，跟我毫不相关，我干嘛要感谢你？"这种态度对吗？

　　师父没有要人感恩，而是弟子自己需要感恩，做为一个指导人修行的师父，如果因为弟子的感谢、礼拜而生起我慢心的话，那么他的障碍更重！所以，一个师父要弟子生起感恩心是为了弟子，愈懂得感恩的弟子，他所得的修行效益也愈多。

　　　　　　　　　　　（开示于一九八四年七月二十九日）

第四篇

禅七开示录

农禅寺第四十期禅七

报到日开示

放松·数息观 （晚坐）

　　现在，我们已正式进入禅七了。

　　不论诸位以前是否打过禅七，也不管你是否有过修行的经验；既然来了，就是与禅修有缘，就要死心塌地、全心投入、认真修行。不要怀疑自己的因缘福报，也不要怀疑禅七的环境。

　　各位要有这样的心理准备：禅七本身就是修行，修行相当于修理、修整、修正我们身、心、观念等各方面的偏差和问题，它的功能和目的，就是使我们的身体更健康、心理更健全、观念更正确。修行就是训练，所以必须付出代价，除了时间的付出，还得忍受种种折磨；

这些折磨不来自他人，而是自己在身、心、观念上，本来就有许多不正确、不健全、不健康的部分。

修行不是休息，更不是享受。绝不能天真地以为来了就会开悟，否则，禅七就是魔术而不是修行了。

接下来讲方法。

第一是"全身放松"。从头部起，眼球不用力，脸部不用力，两肩不用力，两臂两手不用力，然后摸摸看，小腹是紧的还是松的？你们之中，多半人的小腹，现在是紧张的，怎么放松呢？就是不用力，不用力就会放松。如果小腹不能放松，到最后，会呼吸困难。

第二是"坐姿正确"。双盘、单盘都可以，散盘也无妨，以坐得舒服为主。腰挺直，含胸而不要挺胸，两肩摆正放松，两手放在腿上交叠，左手掌在上，右手掌在下，两个拇指轻轻相抵，不要管手臂。头不要仰也不要低，颈拉直，下巴内收，眼皮垂八分，两眼视线向前下方四十五度，但不要注视任何东西，嘴唇轻轻合拢，上下齿轻叩，舌尖抵住上颚（上排牙齿与牙龈交接处），抵住后就不必注意它了；如果口水很多，就不抵上颚，如果觉得干渴，就稍稍用力。

第三是"数息"与"数数念佛"。清楚、自然，不要控制它，也不要管呼吸是在小腹或肺部，平常怎么呼吸就那样呼吸。接着数呼吸，呼出一次数一，呼出第二次数二……，数到十，再周而复始，从一数起。注意力放在数目上而不在呼吸。可以注意数目的发音，不要想象数字的形象。

数错了没有关系，有妄念也很正常；数错了、数乱了、数忘了，就从头开始，不要着急，修行就是磨耐心。要是一炷香坐下来还都只数到三，这也没关系，就像婴儿在地上爬，走一步、两步便跌倒了，再走一、两步又跌倒，这绝对是正常的，只要继续练习走，长大了就可以短跑一百公尺，甚至长跑马拉松了。数错了不必自责，也不要难过，不要以为自己没有修行；就因为知道数错了，才表示正在修行。

如果不习惯数呼吸，可用念佛数佛号的方法，念一句"南无阿弥陀佛"就数一个数字，"南无阿弥陀佛一"、"南无阿弥陀佛二"……，也是数到十再从一开始，念其他佛菩萨圣号也可，不要贪多念快，不要同时念许多不同的佛菩萨圣号，主要还是调心要紧。如果觉得数息很困难，甚至数得呼吸都不会了，这才改数数念佛；若数息法没问题，数息最好，因为计数念佛的方法，较不易觉察妄念；数息则一有妄念，便很快发现。

补充说明：眼皮放松下垂，不要用力紧闭，应当若有若无地看前下方四十五度，不是要看清任何东西，只是让视线自然投放，这样才不会眼花，也才不会产生幻相，眼珠也不用力，这样头上便没有压力。

打坐时，你的心里想象着很舒服、很轻松、很自在，感觉很欢喜、很幸福、很高兴。

第一天开示

信心（晨坐）

用功的每一个动作都有其意义和要领。合掌的时候，眼睛轻轻地看着中指指尖，头脑什么也不要想；操手的时候，重心和注意力是在双手手掌，有意无意地好像捧着一尊佛，这可以使我们集中注意力，又有稳定落实的感觉和效果。

有了方法之后，同时要有信心。没有信心就无法修行。

第一要相信自己是有善根的。因为佛说"人身难得"，你已经得了；"佛法难闻"，你也已经听到佛法；"正法难修"，你现在也已经开始修行；"明师难遇"，现在已有一位老师正在指导你。相信诸佛已经成佛，我们自己将来也一定能够成佛。同时要相信佛说的法是真语、实话、不会骗人。禅七一开始便讲方法及观念，全是根据佛法来说，这些都是从佛以来，由僧代代传承，所以要相信"佛、法、僧"三宝。为了信法修法，也必须相信佛宝、僧宝。相信佛宝是因为接受了法宝，法宝由佛所说，再经历代祖师相传，现在又从老师传给了我们。

"明师"，是指知见正确、心地光明而又兼有善巧方便，能够指导他人修学佛法的人。你愿意听他的话，接受他的指导，他便是你的明师；如果你不接受他的指导，也不相信他的话，则虽是"明师"，对你来讲，等于是没有用。僧宝，包括了历代祖师和现在所有修法学法、弘法利生、住持三宝的出家人，指导你修行的老师，就代表了三宝与僧宝。

"人无信不立"，若不相信自己，什么事都做不成，相信自己才能取信于人，也才能从自信而信三宝。法由佛说，若不信佛宝则无法可学，既不能学法又如何修行？法由僧传并且要跟师学，若不信师僧，又如何依师僧所教的佛法去修行呢？故须相信自己，相信三宝，才能开始修行，由上故可知信心是修行的根本。

再提醒各位，应当要有心理准备：禅的修行是非常艰苦的事，是主动地接受苦的磨炼，任何事都没有修行来得苦。唯有吃了苦中苦，方能成为人上人，"不经一番寒彻骨，哪得梅花扑鼻香"。虽然现代人福报大，禅七的修行环境、方法、生活所需，全有人照顾、提供，一切都安排得好好的，可是，尽管福报再大，炼身调心的修行，还是要靠自己。禅七之中，会有各种痛苦的感受和经验，腿痛、脚痛、背痛，也可能有麻、酸、痒的经验发生；整天打坐也会感觉不自在、困顿、失望、怀疑……，而且这些痛苦不只发生一天，可能两天、三天，甚至到第四天还存在，也许要到禅七快进入尾声，身心都已习惯，日子才会比较好过。

但是，各位也不要提心吊胆，以为会发生什么不得了的祸事。只要"把身体交给蒲团，把心念交给方法"，不管妄念或其他任何事，你就会很平安，就会很快放下身心的问题，当然也不会老是在痛、苦、烦恼中挣扎了。

现在，我们礼佛三拜，再向自己坐垫一拜，然后开始打坐。礼佛三拜，是为顶戴受持佛的正法；礼敬坐垫，因为这是助你修道和成就道业的道场。

脚踏实地·修戒定慧 （晚坐）

禅就是释迦牟尼佛传下来的佛法。佛教虽然重视信心，信了以后，还得由信起修的如法而"行"。

修行的内容不出戒、定、慧的三无漏学。

戒是"不该做的事不做，该做的事不得不做"。从因果上说，做了不该做的事情就要负责任，以后会有果报；从当下修行的观点来讲，做了不该做的事，心会乱，心乱便不能得智慧。既然心乱又无智慧，岂不就是无明烦恼的众生吗？当然也就无法获得无我无私的解脱慧了。所以，持戒是得到心理平衡与安定的基础，也是求得悟境或解脱的必备条件。

在禅七中，第一不讲话，这就没机会打妄语了。第二吃素食，也不会杀生了。第三男女分开，邪淫也没机会了。第四不准看别人，甚至不去想别人，也不会偷盗了。凡是恶业，禅七中都不犯；但是，禅七中该做的、该遵守的，若不做、不守，也是犯戒；该打坐、该聆听而没照做，也算犯戒。由此说来，戒的意思，也是规律、规则、规矩，不守规矩就是犯戒。若在禅七中几次不守规矩，就会请你离开。

所以，精进的修行本身，就具备了持戒的含义。早上请各位"把身体交给蒲团，把心念交给方法"，这项要求今天做到了吗？没做到也是犯规矩。这当然不容易，但是，一天天地练习，最后自会成功。一般常用"心猿意马"来形容我们的心，因为心很难收服。禅七中各位把"心眼""收"起来，也把视线收起来，把心念一次又一次地从妄想中收到方法上，心念由集中凝聚而渐渐地安定下来，练成了安定的工夫以后，才有悟境现前的可能。

许多人在报名表上填写打禅七的目的是"开悟"，说来容易，得来却很不容易。有人要求我："师父，请你帮忙开一下悟嘛！"如果我真替你开悟，请问这是我开悟还是你开悟？开示佛法在于师父的指导，悟佛知见在于弟子的修证。

歇了颠倒的狂心妄念，粉碎了自私自利身心世界的自我中心，才有希望开启智慧之眼的所谓与三世诸佛同一鼻孔出气的悟境。有的人但知打禅七可以开悟，有人仅从书中知道修行可以开悟，却根本不知什么叫开悟，也不知如何可开悟。我现在告诉诸位：一般人开悟，要通过持戒、修定的过程。有人又说了："从持戒、修定着手是渐悟，我要的是顿悟！"我从指导禅七以来，遇过太多急求开悟的人了。问他为什么要开悟，答说烦恼多、困难多、问题多，认为一开悟问题就没有了，我说这得慢慢来。愈是急着求开悟，就跟悟境离得愈远。有人追问我："你自己到底开悟了没有？""是顿悟还是渐悟？""是自己开的还是别人帮你开的？"对这些问题，我都是以不回答为回答。我若说没开悟，你会问我拿什么指导人；我若说已开悟了，又无法说给你听，更无法拿给你看。但是，我可以告诉你的是：禅宗的祖师，一直追溯到释迦牟尼佛，都不是不需修行就能顿悟的。释迦牟尼佛出家后修行多年，二祖慧可、六祖惠能看起来却好像没有修行就开悟了，其实就好像大家只看到肉摊上的猪肉，却没看到养猪人家把猪一天天养大的辛苦。

有个一百二十岁的须跋陀罗，在佛涅槃前听了一段开示，便证了阿罗汉果，这似乎很便宜。但要知道须跋陀罗是大婆罗门，早已是个大修行人，只是在某一点上观念未通，经佛点破，障碍顿除，这才证果，这是几十

年的修行人哪！六祖看来也似乎未修，其实，他从小时
候心就很安定，工作那么单纯，也并不是莫名其妙就开
悟了的。

诸位必须在观念上确信：佛法的修行，没有占便宜
的事，否则就与"因果"不相应。除了修行非因计因的
常见外道及无因无果的断见外道；在正法的中道行中，
必是付出了多少就得多少，所以六度之中的精进一项也
极重要。

禅修者，不能做假，不能掺水，完全是硬碰硬的；
付出多少努力就得多少结果，菩提道上绝无投机取巧
事。可能有人以为净土宗只要念佛就可往生西方是条捷
径。求生极乐世界当然好，但日前有人到此求出家，我
问他何以不去净土念佛的道场？他说："因为不敢去极
乐世界，去了不知多少时间才能回来。"我问他说：
"难道你就这么贪恋这个世界？"他回答说："不是，
只因不忍众生之苦。以时间计算，到极乐世界修成不退
转位，再倒驾慈航之时，地球世界已经不知坏了好多次
了。"这样的悲心，实在令人感动！不过自力修行者的
信心，如果不够坚强的话，念阿弥陀佛先求往生西方净
土世界，也是非常踏实的。

因此，我们接触到的，修净土法门的人，若其信愿正确，往往也会比修行所谓禅法的人更积极、更慈悲、更能付出、更懂得广结善缘；修禅的人，反而比较自私小气又逃避现实，这全是被坊间禅书的错误观念所害，被"开悟"两字所误，只求早日开悟，忘了发菩提心。我的徒弟之中就有求我护持他早日开悟的人，说是等他开了悟必来护持我，这种自私自利的心态，与放下自我才能开悟的原则，恰巧相违。连小乘都不够格，哪里还是大乘的禅法呢？所以，禅七中一定要建立正确的观念：脚踏实地，努力于戒、定、慧三学的增上修学。

"戒"在基础佛教，便是五戒；在大乘佛教，则是菩萨戒。发了菩提心而不去度众生，这是犯了菩萨戒。有人去戒场受戒回来，就自以为是菩萨了，开口闭口"我是受了菩萨戒的菩萨"；事实上，受菩萨戒，就是发菩提心，持菩萨戒，要以利益众生为要务。

"定"在基础佛法，就是九次第定，离欲不动，入寂灭境。大乘佛教的定，则是以心不受内境外境所动摇，虽接应万物，面对万境，而心不受其左右，若无其事。如果只有入定时无烦恼，出了定还是有烦恼，那便不是大乘的定，也未得解脱。大乘定是随时随地心都平静安定，如止水如明镜，有映现的功能，无波动的烦恼，这就需要精勤练习了。禅七中的练习，虽以打坐为主，但生活中的种种，也都是藉境炼心的方法。

若能持戒习定，日久功深，无我的智慧必然现前，那便是开悟。诸位来参加禅七，绝对要有大死一番的决心，把散乱心、企求心等，通通搁下，要把一个个的妄想，一次次地摆下。发现有妄念时，千万不要难过，不要讨厌，立即回到方法就好。

第二天开示

数息的方法和层次 (晨坐)

诸位进入禅堂以来，我就提示方法和观念。方法是用来修行的工具，观念则能让我们看清目标，把自我中心放下。但在未能放下自我以前，须先用观念来疏导，用方法来实践。

我们所用主要的基本方法是数息，而数息有许多层次：

第一步，就是把散乱的心集中在方法上。一发现胡思乱想的散乱心，就要"把心念交给方法"。但要把散乱的心集中也不容易，开始用方法时，就像是一只猴子被关在笼子里，常常想往外面跑。虽然出不去，但它的耳朵及眼睛，时时在向笼外攀缘；身体被关在笼中，心念还在笼外。

第二步，就像把猴子的眼睛蒙起来，耳朵捂起来。虽然心还在想，但是眼不见，耳不闻，装瞎作聋，便减少许多外缘的纷扰。

第三步，不但是把猴子关起来，把猴子的眼耳遮掩起来，还把猴子捆绑在像柱子一样的方法上。不仅看不到、听不到，也不能乱闯乱跑，只好乖乖地紧贴在像柱子一样的方法上。

第四步，不仅不缘外境，对其自心的内境也放弃了。内外一时空却，便是无我智慧的出现。没有内外也不取中间，才是悟境。

各位想想看，现在的你，是属于哪个阶段的猴子？是在笼子外吗？已在笼子内？已被栓紧在柱子上？等到正在用链子拴起来，可能仍然在挣扎。必得等到放弃挣扎、放下万念时，统一的定境才会显现，身心的负荷才会减轻乃至消失。

所以，若要把数息的方法数得妄念愈来愈少，就先得关闭我们眼、耳、鼻、舌、身、意的六根：眼睛不看、耳朵不听、身体等各种官能的感觉不管。因为我们心中的妄念杂想，都是从六根引进来的种种消息，六根关闭之后，内在的种种妄念便会沉淀下来，浮动的妄想便会逐渐减少，心境才会渐渐安定。心安定了，才真能认识自己，明白自己的性格与方向，明白自己是个什么样的人。愈能真切地了解自己，愈能渐渐地健全自己的品格和品德。

现在请各位注意练习运用数息的方法，了解并配合刚才所做的比喻。

第一阶段，把散乱的心放到方法上去，让散乱心渐渐减少。但要注意的是，须得自然减少，不能希望它少。因为"希望"的本身就是妄念。要一次又一次，很有耐心地用方法。如果光是希望妄念愈来愈少，那妄念反而会愈来愈多，愈来愈烦躁。只要觉察到自己没有在方法上，赶快回来，再从数数重新开始就好。不要以为那是失败、不必后悔、不用责备自己。发觉自己有妄念，那表示自己已经在修行了，应该感到很欢喜。

第二阶段，虽然还有妄念，但已不多了。呼吸在、数目在，妄念虽来打扰，但数目没断，并且知道正在数呼吸。

第三阶段，数目不断，妄念好像有一点，但是一闪即过，也不知道那妄念究竟想的是什么。

第四阶段，杂念完全没有了，心念专注在方法上。数呼吸的数目连绵不断，丝丝入扣。到这层次，会觉得很舒服、很欢喜，心理没有负担，身体也可能感觉不到了。

第五阶段，呼吸还在，数呼吸的我也还在，但是没办法数了。不是故意不数，而是呼吸微细没什么好数，还是在用功，只是少了数目。到这时候，知道呼吸就好，不必数了。

第六阶段，已不知道是否有呼吸，也不知是否有自己，更不知道要数呼吸的数目。这时，身体和心理，内在的自己和外在的环境都还在，但不是分开的，而是统一的。身心统一、内外统一、前念后念统一，已是入了定境。而前念后念的统一，也有两个层次：1.前念后念，念念都在同样的一个念头上，仍有念头起灭，但却不离相同的内容。2.念头不起不灭，无前无后，也无时间与空间的感觉。事实上，此时尚有自我意识，也有空间时间，只是时空的感受没有了。

这些都是数息的层次。但是正在用方法的时候，不要想到自己是在哪一个阶段的什么层次，否则的话，你永远都是在第一及第二个阶段。

只顾耕耘（早斋）

绝不能用企图心、希求心、期待心修行。诸位怀抱着不同的目的来参加禅七，这种有所为而来的态度毋宁说是正确的；但是，在修行的过程中，却应该把所有期求、期盼的目的，暂时忘掉。

工作时应该只顾耕耘，不管收成；脚踏实地、一心一意地努力工作，不能守株待兔，也不可揠苗助长。以种田为例，风灾、雨灾、旱灾、地震、战争等，都不是我们所能控制，我们自己只管尽力而为，却不能期待一定可以得什么果。"尽人事"是自己能掌握的，"听天命"则看因缘了。因缘福报好就会丰收，否则可能歉收甚至荒年。农夫除了尽心尽力耕作之外，没有别的可以选择，不过，那些辛苦耕种的经验确是最宝贵的。

因此，要以修行的过程做为我们的目标，才是最牢靠的。

吃饭时，不以贪心吃，不以瞋心吃；打坐时没有贪求心，不起厌烦心；工作时不可老在念着每一分钟能赚多少工资，做了多少功德。吃饭时只管吃、打坐时只管坐、工作时只管工作、用方法时只管用方法，心无旁骛，这就是禅法的修行。若是个自私鬼来参加禅七，要他出坡工作，他却说："不行！我还未开悟，打坐要紧。"让他打坐时，却又不用方法而老想着早点开悟。像那种人，我对他便没有办法了。要晓得，如果能以专心去砍柴、扫地、打水、切菜、煮饭等，便无一样不是禅的修行；只要心是平坦、平实、平衡、平常的，就是最好的修行。当以修行的过程为目的，即使是察觉到妄想，感觉到不自在，也全是修行的成果。因为当你不贪取成果而只管修行之后，好的成果才会出现。

这次的禅七道场中共有一百六十二人，其间难免有人会哭、笑、病、倒、出怪声、有异行，这发生的一切，全与你无干。任何时间，任何现象，你是你，他是他，绝对不要受外境的影响和牵动。

今天是第二天，也许你已比较习惯了，但打坐过程中的疼痛也许更麻烦，更难适应。痛的时候由它痛，随它痛，神经放松，不要动它也不要忍痛，痛得很难受时，不必数息，但注意痛点，渐渐地痛感就会消失。

打坐时的昏沉有两个原因：一是缺氧，一是疲累。

若系缺氧，当把腰挺直，头、颈与脊椎成一直线，收下巴，放松小腹。调整好了，呼吸自然畅通，便会清醒过来。

若因体能一时补充不及而引起的疲累昏沉，依情况轻重，可用下述方法对治：

轻昏沉时，瞪大眼睛平视前方，不眨眼直到泪出为止；或把注意力集中在眉心（鼻梁上端、双眉之间），观想它放光发亮，昏沉也会慢慢消失。若是头脑因为血液不上升而糊涂了，便转转头、低低头、摇摇头；或是跪在垫子、地板上，因双膝直接触到硬地面，促进血液循环向上，产生新能源，昏沉便会减轻、消失。

如果重昏沉已经到了头疼的地步，便把身子坐直坐正，让头脑完全休息，放任它一片空白。五到十分钟后，体力便会恢复。

今天开始有小参，也就是个别谈话。有话就谈，无话就不说，我不管你过去的历史，不和你谈未来的展望，不要问我理论上及佛学上的诸般问题，我只回答你"现在"修行上的困难。入室、问讯、顶礼、离开，动作宜舒缓但要俐落，切忌拖泥带水。进出小参室的门也深有禅意，不要用力推、拉、抬，禅的精神是绝对不能用蛮力的。

行住坐卧都是禅 (午斋)

举凡语默动静、行住坐卧，无一不是修行。

禅堂中打坐、经行、拜佛、课诵是修行，斋堂用餐、饮水、寝室睡觉、起床、饭后出坡劳作等，每一处每一时，都是修行的地方和修行的时间。当你从事不用头脑思考的工作时，依旧可以持名念佛，或者随息数息，在做需要分神的工作时，应该心手一致。出坡时，你的手在哪里，身在哪里，心也就在哪里；比如洗碗时要洗得干干净净，切菜时要切得整整齐齐，劈柴、烧水、扫地也一样，尽心尽力，全心全力，把事情做得妥妥贴贴、干净俐落，便是修行。吃饭时细嚼比快嚼消化好，正正常常不要紧张，当它是一桩修行的功德，专心一意地吃，不要胡思乱想；睡觉时不得思前想后，就只管放下四大五蕴，好好睡觉。

禅七已过了一天半，有些人在身体上有了不同的反应，这些反应分成两类：

第一类是呼吸的问题。因为控制呼吸，故而引起胸闷腹胀，这时候暂时不数息，改为计数念佛。要数得不急不缓，数得急了，气就促；数缓了，妄念就多。待恢复正常了就改回数呼吸。另一个引起胸闷的原因是小腹紧张。把腰挺直通常连带引起小腹紧缩，但一定要练会把两者分开，练成了挺腰，仍能放松小腹，呼吸自然深长舒缓。

第二类是气动，每个人身上都有气、脉，气在脉中，气随脉走，气若阻塞，血液循环就不正常。打坐的时候，循环系统会有正常的调整，气也会跟着调整。若曾有身体伤害或病痛，打坐时就容易引起全身性的反应，最难过的反应在头、胸部的疼痛、胀闷，这种时候，应该把注意力摆在脚掌心，将数目丢到脚掌涌泉穴上，这样，气的压力就可以减轻了。

无常 · 苦 · 空 · 无我 (晚坐)

无常即苦，无常是空，无常即无我，这是佛法的基本观念，也就是禅法的基本观念。

今天小参时，有人问我：九次第定的最高层次是灭受想定，如何修法？灭受想定是灭了第六意识一切心、心所法，又名灭尽定，是小乘四果的圣者，息灭妄识，故入此定。禅，则是大乘菩萨道，不是小乘禅定。更何况，色界、无色界的四禅八定都还未修成，如何修第九？这就好像盖房子，只要盖第五层，底下四层的不要，这如何盖得起来！诸位都是很聪明、很有善根的人，但希望不要不切实际，要脚踏实地，从基本佛法先了解起。

昨夜已经讲过，修行道上没有取巧的事。学佛，一定要从基本佛法的无常观讲起。什么叫无常？生灭无常、生死无常，我们的身无常、心无常、环境无常。因为没有一样事物是恒常不变的。

有人说"化刹那为永恒"，那是诗人的感性，不是佛法。世间法没有永恒的，认为永恒的是"常见"的外道。佛法所见，不论是心法（心理活动）、色法（生理现象及物质环境），任何现象都是无常的。无常就是刹那变化，生灭不已。我们要能了知无常，才能够真正修行。

这次禅七中，有位居士近来才学佛。问他为什么这么晚才学佛？他说因为去年一年之中，他的母亲及大哥相继过世，感觉到少了什么，所以学佛。这也就是"无常"触发到他那生命中的最痛点了。如果没有无常的感觉和反省，生命是不踏实的，因为不知道生命是怎么一回事；没有死亡的体验或是未从死亡的边缘经过一番，没有向鬼门关里探头望过的人，就会觉得自己是可以活了又活，一直活下去似地。

我小时候看到老法师们，一则羡慕他们，再又可怜他们。羡慕他们有修有德，好不容易成为老法师了；可怜他们什么呢？他们离开无常也不远了！现在轮到我了！有的年轻的法师会说："圣严法师，已经不错啦！"我听了这话，就想："是不错了，但也快了。"

这次禅七的禅众之中，最年轻的人是十九岁，和九十岁也只不过是两个数字掉换一下而已，十九的不会保证一定可活到九十，也别以为年纪大的永远长寿。无常所以苦：要追求的追求不到，已经有的要想保存也很难办到。

有一个叫作某某机构的企业团体，七年之间，发、发、发，膨胀得比什么都快。唉！最近一下子就倒闭了。发的时候要努力经营，已经很苦，一旦倒了下来，经营者的心理和身体，备受苦楚。他们机构里有个部门是"保全公司"，结果连自己的公司都保不全，岂非无常是苦的真实写照！

三国时代，曹孟德（操）有首诗："对酒当歌，人生几何？譬如朝露，去日苦多。"曹操并没有信佛，但他的人生体验和佛法是相应的。

无常所以苦，无常所以空，这是有连带性的。我们生活的环境是无常的，所以一切现象都是暂有的，如空中的花、水中的月，只是虚幻的假相而已。空是无常的意思，若不觉察无常及空，就起执着，就会受苦。

如能了知而且已经体验到世间是无常、是苦、是空的话，那问题便没有这么困难，也就能对"无我"略知一、二了。今天小参时，有人告诉我："以前没学佛，觉得许多问题没法解决，很苦恼。学佛以后，许多问题就用佛法来疏导。该来的就是逃避也没用；不来的，就是追求也追不到。可以得到的就去努力，能解决的就去解决，不能得到的就放弃，放弃不了的就只好接受！这样一来，心中就舒坦多了。"此人虽未开悟，学佛已有受用了。

所谓无我，《金刚经》讲"无相"，是指我相、人相、众生相、寿者相，其实这四相，都是我相。你我相对；众生和你我相对；寿者则是你、我、众生在空间里的移动，时间里的过程。这些都是从"我"来的。如能无我，就能够实证无相，那就能够见性开悟了。

诸位不要迷信，以为打一个禅七，就能见性、开悟。开悟、见性，确有其事，但当你的"自我"相还是那么强大，自私心还是那么坚固，怎么可能开悟见性？有人想："我本来自私、我执很重，但是一打禅七，只要挨师父恰到好处地吼一声或打一板，就帮我把自私拿掉而开悟了！"我圣严可没有这个本事。要知道，"我执"是根深柢固和生命连结在一起的。要除我执，必得自己用功才行，师父只是指导你如何用功，当水到渠成时，只消轻轻一点，"我执"即可顿除。

然而，若要去掉我执，实证无相，须先"无住"。住是停留，停留在所见、所闻、所觉、所知，就叫住。见、闻、觉、知四个字，其实就包括了一切知识世界、精神世界、心理生活世界、生理生活世界；这一切都不能执着，有执着就是有住。凡是有我及我所有的观念，便算有住，便是有相，便不是无我。

如何才能达到无住的程度？先要"无念"。

"念"就是一种分别作用，有念就是有分别，无念就是无分别。能够无分别就是无念，能够无念就能无住，能够无住就能无相，能够无相就见无我的自性。

"无常、苦、空、无我",是佛说的;"无相、无住、无念"是《六祖坛经》里说的。也许有人认为禅宗是讲"顿悟"的。是的,不过,叫你当下无念、无住、无相,做得到吗?如果能,你便顿悟。否则举心动念都是分别执着。悟了的人,如果仍旧是在烦恼执着之中生活,悟与未悟又有何差别?

我曾教诫一位弟子,要他不要这么执着!他却说:"师父,我还是凡夫啊!我没有办法不执着!"这是原谅自己,自甘堕落的态度。他应该这般想:"我不是圣人,所以尚有执着。如今既然学了佛,师父也讲了道理、教了方法,我就要学着不执着,就是勉强的,哪怕是假装的,也要学一学!"

今天也有人告诉我说:"我的心量很小,发愿发不出来,也不敢发愿,怕发了愿,就真得去做,那可不是好玩的!"众生无边誓愿度,发了愿就要度众生,确实不容易。我告诉他:"发暂时做不到的愿,也没关系,不妨发个空愿,先从假的做起,然后才会渐渐地真做,如此一来,总算是有个开始了。"

各位若想真正地从佛法得到益处,没有别途选择,唯有脚踏实地,从基本处下工夫,在"无念"上下工夫。

我们现在教各位每天练习的方法，就是为使各位一步一步地达到"无念"层次的训练过程。我们的心头，时时都有念；散乱心强的时候，念念都是妄念、都是烦恼心。用上方法以后，渐渐地便能从贪、瞋、痴、慢、疑这些烦恼心理，脱离开来。

也许有人以为，用方法也是执着。是的，但却不是烦恼的执着；方法不会带动更多的烦恼，而且可以除烦恼。方法就是"道"。昨天讲戒、定、慧三无漏学，就是"道"，就是六波罗蜜及八万四千法门的总纲。

数息的方法，简单地说，可以归纳成三个层次：集中心、统一心、无心。集中的阶段是将散心慢慢地集中到方法的专一。进一步是身心统一，前念与后念统一，内外统一，统一心的时候是定境，这和外道的定是相通的，关键在于观念的正不正确。如果是以佛法的正知见为修行方法，那便可超越外道的世间定而得解脱，因为正知见能引导我们产生无漏的智慧。如果仅仅修定，怎么样也无法证解脱果，必得有佛法知见的帮助才行。所以佛对利根人说法，往往便能使闻者开悟、得解脱。禅宗的修行也是如此，若得到统一心的经验之后，听开示，用话头、公案的方法来生疑情、破疑团，那就有见性的可能。

　　若要进入悟境，不能仅凭空想，要付出做工夫的耐心。从禅宗历史如《景德传灯录》、《五灯会元》等的记载来看，不假修行而大彻大悟的例子并不多见。故有"不经一番寒彻骨，哪得梅花扑鼻香"的警句。你们进来禅堂几天，就想能够由一条毛毛虫蜕变成花蝴蝶飞舞出去，是不切实际的。我要教各位：不论观念及方法，要从基础开始。否则，你就可能以未得谓得的慢心，去引导他人跟你学习，那是自害又害人了。求升反堕，是大不幸的事。

第三天开示

孤立（晨坐）

　　今天起，要请各位练习"孤立自己"。

　　"孤立"，分成三个层次：

　　第一，要把进入道场以前，打完禅七以后的事都丢开，要把禅七的时段孤立起来。所以要求各位不看书、不看报、不讲话、不写信、不打电话……，和道场以外的所有人、事、物都隔绝。在禅七这个阶段，对这世界来讲，过去没有你，未来也没有你。

你像活在一个孤岛上，没有文明、没有历史、没有这个岛以外的知识和观念。

禅七以前的事、禅七以后的事、禅七以外的事，跟你完全没有关系。否则你便拖着一条大尾巴、背了一个大包袱进来，就太辛苦了，那就不是来打七，而是来打妄想。若有禅七以外的任何念头出现，你都要告诉自己："这和现在无关，我自出生之后就在蛮荒的孤岛上，怎可能有这样的念头出现！"

第二，在禅七道场中，把自己和其他的人孤立起来。"把心念交给方法，把身体交给蒲团。"而蒲团上只有自己没有别人，禅七里的任何一个人、任何一桩事，都跟你没有关系。

人家走你前面也好，坐你旁边也好，跟你都没有关系，如果有人发生古怪的现象，或者是外面有人跑进来转一大圈，在你面前晃了又晃，你也一样："这和我没有关系！"

"天下本无事，庸人自扰之。"如果心念不受外面影响，天下事不会干扰到你。

地震了，跟你无关！飞机摔下来，跟你无关！房子失火了，跟你无关！连身体上发生了痛痒等触受，也要告诉自己："跟我无关。"

第三，从前念后念把自己孤立起来。不管前念后念，只有现前一念用在方法上。前念是好是坏，后念将会如何，都不管它，只有现在这一念，系在方法上最重要。

过去的已过去，未来的还没来，懊恼、得意、担心、期待，都是妄想。

无相礼拜（上午禅堂）

这炷香，我们要以礼拜来做为修行的方法。

礼拜时，不要去想你是向着哪个方向，也不去想你是礼拜哪一尊佛，只顾全心注意你身体的每一个动作。

动作要慢，就像电影上的慢镜头一样，慢慢地、慢慢地拜下去。合掌时，眼睛看手指尖，然后拜下去时把注意力放在手掌上。注意手的动作、腿的动作、脚的动作。

拜下去的时候，头不要低，头部和上身保持打坐时的姿势；弯腰而不弯背；腿屈蹲下去而不是用头栽下去。头部与背部保持直线水平地拜下去。以前额贴地，不是头顶着地，否则头会晕痛。

注意身上每一个关节、每一根筋骨、每一寸皮肤的动作和感触。专注、轻松、自然，任何部位都不要有紧张的现象，身体柔软、呼吸舒畅、肌肉松弛、神经舒缓地拜下去。不要像根木头或钢条那样往地上倒下去，而要像一朵棉花、一片雪花那样轻飘飘地落到地面。起来的时候，好像海棉一样，慢慢地弹起来。地上虽然是水泥砖或木板块，但要感觉像是在波斯地毯上那么柔软、舒畅。自己的身体，轻巧自在得犹如一片浮空的白云。

礼拜有三个层次：

第一，要清清楚楚地知道自己在拜，清楚地知道自己每一个动作。第二，自己指挥身体在拜，那个身体不是"我"，好像自己看着、指挥着另一个人在拜。就像开车一样，汽车不是"我"，但它听"我"指挥。第三，指挥到纯熟自如，仅以心看着这个人在拜，而不必用心指挥身体。清楚地看着身体拜，身体虽在拜，而自己的心却没有动；好像自己没有在开车，但车子自己在开动。到了这程度，就会非常地轻安舒畅，已没有身心的负担。

这样的礼拜方法，没有拜的对象，不为求得什么，只为调顺身心，结果便将身心忘失于礼拜的动作之中。

放松（午斋）

禅七之中教给各位许多方法，目的只有两个：一是使诸位学会放松身心，二是让你们随时都能安定身心。这两者其实是一体的两面，只要能放松就能够安定，能够安定就会放松。但是，首先要练的是放松，安定可以说是放松的结果。

能够放松身心，烦恼必然减少，压力、负担也才得以减轻，心智才会明朗。练会了身心放松，注意力自然集中，身体的机能也得到平衡，心情才能够宁静。

学会放松，不只对自己身心健康有用，对日常生活有用，对自己的家属、亲戚、朋友也都有益。

一般人认为自己念几句佛号，把功德回向给人，就是对众生结善缘，其实，回向固然有用，但是作用不够直接。我们若能放松身心，则言行、举止、观念、气质，都产生了变化，于己于人才更直接、更有"用"。

如何把心放松？简单地说，好事不强求，坏事不拒绝。一切现象的发生必有其原因，要平心静气地接受它、处理它、完成它，这就容易放松了。

猫捕鼠·揭茅坑 （晚坐）

问： 数息时觉得头痛。

答： 头会痛是因为数息的时候，用脑子去想。注意力应该放在垫子上，而不要放到头上；重心要放在臀部和垫子之间。

问： 觉得胸部闷、呼吸困难！

答： 这有两种可能：一是气动，气卡在脖子或胸部；请把注意力的重心感，置于脚掌涌泉穴，气动现象即可能消失。另一个原因，则是小腹紧张，就把小腹放松！若在小腹放松后，还是没法数息，那就不要数；可以念佛，也可以看念头的出入，或者只看呼吸进进出出而不要数次数。

问： 如果是呼吸微弱，找不到呼吸呢？

答： 呼吸弱有两个原因：一种是懒，呼吸愈来愈弱，觉得有气无力！这样的话，就把下颚往内收，把腰部挺直，然后做几个深呼吸，这就好了。第二种是方法用得绵密时，呼吸愈来愈细、愈深、愈长，一分钟可能只有两、三次；如果还知道有呼吸，就跟着呼吸观其出入，吸到哪里，你就看到哪里，有时吸到小腹，有时到手指脚尖，呼气的时候，则是感觉全身毛孔都像开了窗户，从全身出入；这样的话，就不要数息了。

问：打坐时，觉得身体似乎往后倾。

答：你闭着眼了，是不是？眼睛闭着打坐，容易发生幻觉，有的人会看到房子失火了、地震了、猛兽来了等，这都是由于感觉神经不平衡，才产生的错觉，睁开眼就好。

问：妄想太多，方法用不上力怎么办？

答：就好像满池抓鳗鱼，是不是？感觉上，似乎抓到一点就溜了，才看到就不见了。这时，若用数息，则倒过来数，先数双数，再数单数："二十、十八、十六、……六、四、二"；然后"十九、十七、十五、……五、三、一"。如果还有妄念，则在数数目以前，加一问句："下一个是几呢？"例如"二十"数完，就想："下一个是几呢？""是十八！""下一个是几呢？""喔！十六！"……这样子一忙，就没时间打妄想。这个方法既有用又好玩，但却不是打妄想。

另一种方法，则是在妄想出来时，把它编号列管：妄念一出来，看它是哪一类，是贪还是瞋还是痴。妄念一起，则"贪字第一号"；另一个妄念来了，"瞋字第三号"……；就这样一个一个给它编号。同样的念头出现就给它同样的编号，并且注明次数。这样，就不怕妄念起来。妄念起来，就把它编号归档。说来也很奇怪，不编号它就常出现，一编号它却不太敢出来了，就像流氓怕被列管一样，妄念也怕被登记。

问：先前觉得胸闷，现在觉得胃闷！

答：因为你把气吞下去了。你不是在数息，而是在"吞气"。你现在先不要数息，可以数数目字、或计数念佛："南无阿弥陀佛一"、"南无阿弥陀佛二"……，也是数到十。不管肚里的气，做三次提肩深呼吸，然后顶多打几个嗝，或者放几次屁就好了。

问：如果是胃痛呢？

答：如果原来没有胃炎、胃溃疡等胃疾的话，胃痛的原因之一是痉挛；太紧张了。坐的时候不但小腹紧张，连胃也紧张了。请把小腹放松，并且心里默想："我的肚子好大！"会有帮助。

问：已经打坐好几天了，腿还是会痛。

答：我坐了五十年了，腿也都还会痛。痛是必然的，不注意它就不痛。

问：坐久时，腰挺不起来！

答：挺不起来就弯下去，休息一下。弯下去容易昏沉、想睡，那就挺起来。能挺就挺，挺不起来就弯下去，自行调整，只要心念保持在方法上就行。坐到气通脉舒，背也自然挺直。

系念用功·绵绵不绝

打坐时，身心都可能会有反应。有的是令人舒服，有些却令人苦恼，就像爬山一样，有时顺利，有时困扰，这是必经的过程。翻山越岭，上上下下，总是需要的。因此，坐了一炷香不错，坐了一天也不错，之后又不好了，这都是正常的。我们的体力和心力，就是如此。汽车在高速公路上飞驰，再平顺仍然要消耗汽油；同样地，坐得好，也仍然会消耗体力，就会感觉疲倦。所以坐了一炷好香，不要贪求一直好下去。当然，老修行者的状况就不同了。

所谓老修行者，是指修行的时间久，修行经验老到而丰富的人，他们不会拼命用功，却能细水长流、绵绵不绝。长途旅行的人，都知道如何保持体力，随时都在养精蓄锐。会打拳、会用剑的人，出招之时，一定不会把招势用老，不会把力道出尽。老修行者，是在平常心的状态下用方法，经常保持在稳定的、蓄势待发的状态中，绝不会让心念起伏不定。

更明确地说，老修行者，并非从修行时间的长短上来衡量，而是指能够揣摩到修行方法，能够做到不费体力和心力，又能够绵绵不绝的不离方法，才是高手。懂得用方法，根本不费力，大慧宗杲禅师称之为"省力处"。

会用功的人是系念用功，不会用功的人是妄想用功。系念用功，乃是我意识到我在用功，若有意若无意。妄想用功，则是紧抓住方法不放，紧张兮兮、出大力气，唯恐前后念之间有妄念插进来。这样子，不必多久就累倒了！系念用功则是虽然在用方法，心里却是轻闲舒缓地，脑筋不紧张，身心都放松。

聪明的猫，在抓到老鼠后，不会怕老鼠跑掉。老鼠要跑，让它跑，然后看准去路，把它截回来，若无其事地，好像是在跟老鼠逗着玩，而不是紧追不舍。只有小猫抓老鼠，才会紧张兮兮，拼命跟在后面穷追。会抓鼠的猫是不会累的。

各位在用方法时，不要费力，不要拼命；要以逸待劳，从容不迫；要四两拨千金，不要硬闯硬碰。几天以来，教各位要孤立、要放松、要自然，就是这个道理。各位要学老猫抓小老鼠，不要学小猫抓大老鼠，这才是禅的修行。

禅的修行，目的在开发我们的智慧。而智慧要在烦恼脱落时，才能显现。智慧就是觉、就是菩提，而烦恼和菩提是同体相对的。自私心的人、烦恼重的人不容易开出智慧，情绪化的人、神经质的人不容易证得菩提。

人的烦恼愈重，气质就愈浑浊。禅的训练，就是要改变人类的气质及品质。

有人希望得智慧，希望开悟，却没有想到，得先改变自己的气质。满心以为，只要师父给他一个开悟的方法，就可以得智慧、断烦恼了。这种人心里老这样想："烦恼是因为愚痴，愚痴是因为没有智慧，没有智慧是因为没有开悟；所以只要开悟了就有智慧，就不愚痴、就没有烦恼了！"这种想法，是倒果为因。一定要由因而果，先改变气质，先把我们的浊气减少，才能得智慧，才能开悟。

以前农村里使用的厕所叫作茅坑，夏天时大太阳一晒，茅坑里的上层，会结一层厚厚的屎皮，就把臭气盖住了。冬天时下雪冰封，茅坑也不会臭。除非是把冰打破，把屎皮打穿，臭气才宣泄出来。

打禅七，就像掏茅坑一样。茅坑一掏当然会臭，如果把它封盖起来，表面看来似乎是不臭了，但却是臭味深藏、毒气更重；因此得要翻了又翻、翻了再翻，多翻几次，把臭味全部蒸发掉了，以后就永不会臭了。因此，禅七时，发现自己的缺点和妄想是好事。当你知道自己的缺点愈多，你的人格才愈能健全。

今天中午已说过，你在禅修后，若能把气质改变一点、人格健全一点，才能对你家人对你朋友有所助益。曾有人为了来打禅七，跟妈妈说："请你让我去打禅七，我把打禅七的功德都回向给你！"然在打完禅七回去以后，妈妈说他两句，他就顶撞三句，本来曾把打七的功德回向给她，结果这么顶撞一下，功德回向又有何用处？

要使气质转浊为清，一定要将自己情绪的烦恼，转化为慈悲及智慧。情绪的烦恼愈淡，心理就愈健康，环境周遭的人也会跟着受益。否则，就算打了十个禅七回去，用处还是不大。要能带着慈悲心回去，带了智慧心回去，那才真正对人对己有用。要做到这，便先得把自己的烦恼减少。如何减少烦恼？不外先减少企求心、自私心、急功好利心。

第四天开示

心浮气躁·惭愧忏悔（晨坐）

昨天讲到，老修行者是用系念修行，不是用妄想修行。妄想和念头，两个都是飘动不定的，前念飘、后念动，用动的去追逐动的，怎么会不累？须知正确地用方法时，前念和后念，就像扇子和羽毛一样。前念的方法要像扇子，横在那里不可动；后念的妄想则像羽毛，让它自然地慢慢地从空中飘落下来。若扇子一动，羽毛就会立即飞掉。要知道，心浮气躁的妄想很消耗体力，不会用功也很消耗体力，因此就容易昏沉。

打从禅七的第一天起，就教各位要把重心、重量感往下放，放在脚底、放在臀部，这是修行上非常重要的观念。练气习武学艺的人，常有"气沉丹田"之说。若能经常保持重心在下半身，便能上轻下重像个不倒翁，才会轻松稳定。平常人都是头重脚轻，脑袋里装了很多东西而又料理不来，所以烦恼、痛苦，以致自害害人、自伤伤人。

我们听过骂人"轻骨头"、"全身没有四两重"的毒话，就是说人浮躁、不踏实，所以"轻"，所以不稳定。为什么会轻浮不踏实？就是因为没有惭愧心、没有忏悔心。对不起人家、对不起自己，自己却还不知道，这就是无知、就是不知道惭愧。这样的人是没有办法修道成道的。如果知惭愧了，就要忏悔：我知道过去错、我知道现在错，我希望从此以后不再错；这也叫发愿：我承认错，我愿从此以后不再错。再错，再忏悔；一次又一次，便能增强信愿，如法修行了。

忏悔礼拜 (上午禅堂)

打坐时，方法用不上，心头妄想多，身体情况多，这些都是无始以来的因果障碍。

本来师父的话，是为你们脱困解缚，可是你们听到耳里、进入头脑一转，反成了障碍、变成了烦恼。本来我把方法已经说得很明白了，被你一用，就是用力不上。你的心、你的头脑，好像被鬼筑的高墙挡住了眼前的视线与出路，门前明明是条宽敞大路，当你跨步出去，脚下踩的偏偏就是狗屎、牛粪。这些都是无始的心障。这一生没作什么大恶，但就是障碍重重。要知道：这些东西都不在心外，而且不修行时不会发觉，反而愈是修行，烦恼愈重，障碍愈多。不过，不要担心，这是好现象，是修行用上力的征象。这时该用忏悔的方法。

佛法的修行中，有种忏悔的方法，称作拜忏。拜忏时，如果只是像鸡吃米一样叩头、嘴巴里咿咿唔唔，而心里却不相应，那样的拜法，不能说完全没用，实际上功效不大，忏悔时，心中要坦诚，不隐藏自己应面对的丑恶。

经过几天的修行，大家应当已有勇气，面对自己的丑恶面了。

从外表看，每一个人都很好，但这是假的。装假也很好，对别人假，表示知忏悔、知羞耻。平常对自己假也很好，否则活下去的勇气都没有。但在修行的过程中，不能再装假了；要赤裸裸地，就怕自己揭露得不够彻底，鞭策得不够痛快。

忏悔，就是面对自己。面对自己的过去和现在。昨天讲了，修行就像掏千年陈茅坑，要把陈年茅坑里的臭气翻搅出来，让你自己嗅茅坑里的臭气。臭气发散得愈多，就愈干净。就怕你舍不得掀自己的陈年茅坑，狠不下心来面对自己，那就真的很可怜了！

现在，一面礼拜，一面注意自己的缺点。注意力不在身体动作，而是专注自己的缺点。对不起人的、对不起自己的，那就是缺点。有人认为自己没有任何对不起人的，可能吗？是人，就有人的业报和习气，就不会说没有缺点，每个人都是满心的创伤、满身的疮疤，你要舍得忍得，把疮疤一个一个揭开来，否则便不知道自己有多丑陋。

不必讲给师父听，师父不需要知道，你应该面对你自己，痛下针砭，恳切忏悔。

现在开始，拜下去！慢慢地拜。

打开心胸，面对自己，痛加鞭策，你才有希望心得安宁。

我们经常是眼睛看人，说这个不对、责那个不好。很少能想到，自己比他人更差。经常原谅自己而埋怨他人，这就是可恶的一面。

想想看，自己对得起谁？对得起父母？孩子？老师？朋友？长辈？同事？对得起自己吗？有没有糟蹋了自己？父母生了我这块材料，有没有好好用它？还是把它糟蹋了！

自私！自大！自欺欺人！这么荒唐的人，不愿先悔过就想开悟吗？

现在，大家起来，把眼泪擦掉！

把刚才的惭愧和忏悔摆下，不要再去想刚才的事。我们要能够随时随地检讨，也要能随时随地说放下就放下。知惭愧、知忏悔之后，马上要用方法。因为惭愧心生起之后，心情就容易稳定，心气没那么浮躁，也就比较容易用功了。身体交给坐垫，心念交给方法。

出离心·菩提心（晚坐）

修行不能没有出离心，没有出离心而想开悟，那一定是外道。目前有人自以为在教禅，自命为禅师，但是不离五欲，认为释迦牟尼佛也不离欲，并且主张在欲中才能真正地修行。那是外道，不是佛法。

有出离心才能出三界，才能在生死之中自在，才能不被五欲勾引、不受尘境动摇。

有人会以为出离心是小乘，禅是大乘，两者无关。不对！人间的伦理道德、小乘的出离心、菩萨的菩提心，这三样具备了才是大乘的禅。

若没有以出离心做基础，那便是恋世的心、贪着的心，或者是含藏慢心、狂心的一种英雄主义。所以，没有出离之念，就不能称作是菩提心。

"人欲横流"的时代，物质文明的诱惑太多，所以要出离很难。因为出离心，必得离五欲。如不离五欲，则梵天都生不了，何况要证大、小乘的圣果。既想开悟证果，又想不离五欲，则是绝不可能。

出离心实在难发；正在五欲中打滚的人，要他生起出离的意愿，非常不容易。现在的台湾，学佛学法的人好像很多，而且似乎也很用功。但其中有人，只是想从师父这里学点东西，然后出去逢人贩卖而已，甚至自己也当禅师主持禅七；真地要他发出离心就不容易了。可是，必须先有出离心才有可能了生死。想得虎子，必得有入虎穴的勇气，有此勇气，努力愈大、信心愈强，修行才能得力。有了出离心，才会死心塌地好好用功，为佛法做干城，不贪恋世间所有，只以清净的佛法做依归。

至于发菩提心，一定是舍己而利人，是"不为自己求安乐，但愿众生得离苦"。真正的菩提心是要"为众生做床座"、"为众生做牛马"。"做牛"、"做马"，听起来好像很可怜，但是，牛马是驮着人走的，别人到了目的地，牛马自己也一样到了。"为众生做舟航"，把众生从此岸运到彼岸去，众生上岸了，舟航也靠岸了；若能于彼岸此岸来去自由，根本无所谓彼岸此岸，亦无所谓岸上水上。所以发菩提心绝对划算。

已经有家有业不太可能出家的人，仍然要有出离心，才不会受到世间人事的诱惑和影响而烦恼不已。有出离心，才能了知苦空无常，并且体验到世界是苦空无常的。

许多人误解，以为有出离心就是不要世间、不要父母、不要儿女……，通通都不要了，那叫逃避现实。出离并不是厌离、不是逃避。若父母健在而不尽子女的责任，这就不对。释迦世尊出家时，父母有人奉养，生活无虞。六祖惠能大师当初要去求法，也是先安顿好了老母。所以在家也好、出家也好，发出离心，并不表示不负责任。出离是不占有，权利可以不要，责任一定要负。父母遗产可以不要，父母若无人奉养，托钵也要奉养。

若想学得深厚，深入佛法的受用，这两个心不可或缺。发出离心就没有执着，发菩提心就不会自私。

第五天开示

发大悲愿心 （晨坐）

慈悲可分三等：1. 有亲疏之分的，2. 有主客对象的，3. 平等普济而三轮体空的。

真慈悲一定要从真智慧产生。没有无我的智慧为指导，慈悲便是不清净的。清净无私的爱，也可算是慈悲，凡是有我的、自私的、带有情绪情感的慈悲，便是所谓"有情众生"的爱。有情，所以有烦恼；自己有烦恼，也会带给别人烦恼，岂能名为真正的慈悲。在凡夫的阶段，当从初等学起，然后登二望三。

真正的慈悲是没有亲疏远近等条件的，《法华经》的一雨普润，便是平等的慈悲。只要有条件，便是以自我为中心，便都会有烦恼。若不断除烦恼，慈悲便不真切。是故若知众生苦厄，而起慈悲愿心，必当以大勇猛心，修精进行，断惑证真。至于如何修行？不外以正知正见的观念做方向的指导，以安全可靠的方法为实践的锻炼。这也就是我们在禅七之中，必须要练习的功课。

禅法即是最上乘的佛法。佛法的基础，不离因果。当以大菩提心为因，大悲愿心为根，禅修始能有方向及重心。否则便是盲修瞎练，或被讥为"脚不点地"的无主幽魂，岂能真的明心见性。

没有出离心者是凡夫，未发菩提心者是外道，不发大悲愿者是小乘；唯有具足三心，方是大修行人。世上有很多人修道，以为道的最高层次是万物同归，故也认为任何修行，皆与佛道同源。究其实际，若不知有出离心、菩提心、大悲心者，当然不是禅道及佛道，乃是佛法以外的外道。

若发大悲愿心，便得对心系苦恼的众生，随时给予协助、关怀、救济。众生在哪里？就在我们家里，以及每天接触到的每一个人。古来禅门祖师教诫禅修者，当在平常待人接物中摄心安心，若能经常练习着以慈悲心待人，必能以智慧心待己，那就是最上乘的禅者工夫了。

如果你对众生，常怀占有心、征服心、控制心，而没有包容心及关爱心，便是不慈悲，便不是在修行。

慈悲不能有条件，例如你对人好是指望人家也对你好，或是担心你不对他好可能会惹麻烦；这好似农夫养猪、饲牛、喂马、畜羊，为的是吃它的肉、要它的毛，或是要它工作；都是为了自己，而不是真正的慈悲。

发大悲愿，是愿众生都得究竟安乐，那就必得用佛法的开导才能完成。现在社会上大家知道要做福利事业，确实很好。但只做福利事业，并不是最好，那只是治标；要以佛法来净化人心、净化社会，方是标本兼治，使人得真安乐，这才是根本之道。

诸位来打禅七，便是来修学佛法的精义良方，以备用之于日常生活中。处处示现慈悲，时时运用智慧，方算没有白来一趟。

随时随地，举心动念是为众生得安乐，不为自己求利益。若能如此，自我中心的烦恼执着，才会愈来愈少，明心见性的时日，才会愈来愈近。

大多数人都知道爱心是美德、慈悲是善行。不过，当亲生的孩子病了会难过，希望他快点好；至于邻居的孩子病了，便没有那么迫切；陌生人的孩子病了就没什么痛痒；异类众生遭到屠杀，那就更因事不关己，可以隔岸观火了。禅修的人，岂能如此？不仅要关怀夫妻儿女等家人亲人，也当随时随地以慈悲心关怀所有的人，乃至一个微小的生命。

有些人说："等我成佛之后，再来广度众生。"这是颠倒本末。释迦世尊出世时代，是因为世间尚没有佛法，所以必须自己先去发现佛法，然后来度众生，我们现在已有佛法，故在自己受用佛法的同时，也就要把佛法传扬给人，这才是有慈悲心。

但我们的情绪经常在波动，我们的信心不够坚定，所以要来打禅七，要来听闻佛法，由听闻佛法而信受奉行。打禅七能使我们增长信心，坚固正见，确立正确的信行。

希望各位发出离心、发菩提心、发大悲愿心。这样才能心中无私，这样才能把方法用得着力；不为自己利益，才能得大利益。

内外之分（早斋）

各位都是为了自己的利益而来参加禅七，抱着这种心态很正常。进入禅七之后，我却要告诉你们，唯有彻底放下自私的自我利益，才可以得大利益。别人也能因我而得利益，这便是自他两利的菩萨行。

这些观念，我必须一再地提醒你们，因为怕你们不清楚。就好像生客进饭店，只见到五花八门的菜单和菜色，却分辨不出餐点的好坏和营养成分。我就像是餐馆的跑堂，正在为你服务，告诉你何者好吃、有营养、可以吃出健康；这是我的责任，如果不说的话，于心不安；听与不听，由你自己决定。

从禅七开始到现在，你们经常听到我在批评别人，骂那个是外道，骂这个是邪门，甚至连佛门中的人也被我骂了进去。佛门不是广大、包容，而最有涵融的吗？

我必须慎重地告诉诸位，这就是"内外之分、邪正之辨"。其中歧异绝对要弄得清清楚楚，才能有智慧的抉择。好像我跟你同去赴宴吃饭，结果你分辨不出何者有毒，何者有残留的农药，何者有非法的添加物，虽然乍看全是食物，但吃了会中毒。我既与你同桌共餐，而且我已明知如何选择食物，当然要一一向你指明，否则便是我不慈悲了。

佛法名为内学，佛法的修学是向内求的。但是，修行不一定就是内学。一般人讲修行，不出三个层次：1.是为身体健康，2.是使心理平衡，3.是使精神升华。这三个层次，一个比一个高。通常人会三个全要。首先，身体健康，可以做自己愿意做的事，也可以多帮助别人；其次心理平衡，情绪稳定，就不会怨天尤人，不致把大家弄得鸡飞狗跳。而精神升华，则更好一层，能够发觉到：小我是无所谓的，大我比个人还重要，有民胞物与的认知，我与宇宙同在，也与唯一的真神同体。

各种哲学、宗教、艺术都不超过这三个层次。但我要告诉诸位，如果停留在这三个层次，就是外道，既然入了佛门，既然学了禅法，就一定得超越这些。其中第三个层次，尤其危险，一不自觉，便会以为自己是最完美、最伟大、至高无上、神我合一的实证者了，便会出现"我是神，神是我"的权威心态，会产生强烈的支配欲。"顺我者昌，逆我者亡"；"我可以帮助你，也可以毁灭你"。这种宗教狂热的后遗症和副作用，非常可怕，可能造成人类的大灾难。所以说"神与魔难分"，是因为精神升华也可能产生傲心、慢心，自以为悲天悯人，可以救人救世，而为了完成他救人救世的目的，所以要操纵、征服、控制、抹煞人性，结果弄成个人崇拜、执着更深。这是外道，而非佛法。

所以，我们一定要超越这三个层次，才能真正解脱自在，才能真正见到佛性。

但是，尽管一再强调外道和佛法的区别，却不是要各位去攻击外道。有些人的因缘，只能接触到外道，它的存在是事实，我们不得认同外道，却要用佛法的包容、涵融去超越外道，努力宣扬佛的正法，便等于破除外道。

知恩报恩 (午斋)

儒家有言:"一粥一饭当思来处不易,半丝半缕恒念物力维艰。"这其中就有报恩的思想。现今高倡环保意识,正迫切需要实践这两句话。不能一边追求物质享受,一边口头空唱环保;一方面要求享用便利,一方面又骂他人忽视环保,这就言行矛盾了!

禅的修行者,生活原来就力求简单朴实。我常告诉弟子们,冬天只要冻不死,平常只要饿不死,物质生活就算够了。

我们除了要知福惜福,也要植福培福,不能老是享福。但是每一个人,多少都怀有占点便宜、享点现成、图些方便的心态。

善根深一点的人,比较有良心,会想到回馈,便是知恩报恩的行为。

禅修者,不仅要知回馈,而且更要知道布施结缘。不论他人对自己是否有利,自己到了哪里,就当让那个地方得到利益。这样就是发菩提心、发慈悲心。

布施不必有原因,也不需谈何条件。从世法来说，"回馈"是对的，但从佛法而言则是错的。布施的给予，不谈条件，不是交换，才能避免从"我"的角度来考虑，也才可能减少自我中心的执着。

真正的"知恩报恩"，不是"回馈"。譬如你这次来打禅七之后，想要报师父的恩，结果拿了一大堆米、一筐子菜来回馈我，这岂不要胀死我啦？报一切恩，莫过于度众生，不要只讲狭隘的回馈。报师父的恩，要能理会师父的心志。我做的是度众生的事业，你们从我这里得到了佛法的好处，便应当从修持佛法而来护持弘法的事业，让更多的人也能得到佛法的好处，这才叫作知恩报恩。

诸位知福，所以来打禅七，惜福所以尽量节俭，懂得培养福报，所以要用世法、出世法，尽心尽力、广结善缘。

禅与悟（晚坐）

许多人羡慕开悟，以为一悟，佛法就能不修而得。像六祖惠能，没读什么书，开悟之后，一切经教，都是他自心中物，《六祖坛经》里引用了《法华经》、《维摩经》、《般若三昧经》等；六祖大师一开悟，那些经典就从天上像用漏斗灌油瓶似地源源不断灌到他脑子里了。有这样的事吗？如果有，那是神话小说，或者是外道的幻术。

佛法，一定是要自修自证的。

禅是顿悟，亦不离渐修。渐渐地修，突然间悟；也有突然间悟，然后渐渐地修。有的人是因过去善根深、根性利，很快就悟了，不一定要有打坐的过程，即能于言下大悟，像惠能大师，听商人念《金刚经》他就悟了。

马祖有个弟子叫石巩慧藏，原来是个猎人，专门猎射麋鹿。有一天他追逐一只鹿，正巧鹿逃跑到马祖那里去，马祖就把鹿藏起来。猎人一路追到马祖这里，质问马祖："鹿跑哪里去了？"马祖不回答他，反而跟他比射箭，问他："你会射箭吗？你一箭射几只鹿？"猎人很得意地回答："我当然会射！我每发一箭，就一定能射到一只！"马祖语带轻蔑地说："一箭才只能射一只啊？""你呢？""我一箭能射一群！""一箭射一群?! 你怎么这么残忍，忍心杀害这么多的鹿！"猎人很气愤地责怪。马祖也不生气，慢条斯理地反问他："喔！一箭射一群是残忍，一箭射一只就不残忍？同样是命，怎么忍心！"一句话，打动了石巩的心，当下回心转意，把箭、弓都折了，立即出家，成了马祖的入室弟子。

还有一位神赞禅师，他到百丈禅师那儿去参学开悟后，回到剃度他出家的寺院。有一天，见他的剃度师在看经。正好旁边有苍蝇正在纸窗上闯，一次一次地撞在纸上，找不到出路飞不出去。他就对着苍蝇，似有心若无意、又像指桑骂槐地说："像你这样在纸堆里钻！钻个八辈子也别想钻出头去！"他师父听了回头看他，看是怎么回事；他故意装没事，眼睛就只盯着苍蝇看。

又有一天，他的剃度师在洗澡，他就替他师父擦背。一边擦一边自言自语地说："可惜啊！可惜！这么好一座佛殿，可惜佛像没开光！"他师父回头看看，问他说谁："没有！只可惜佛像没开光就是了！"这师父洗好澡，愈想愈不对劲，这徒弟出去几年，怎么回事，说话怪怪的。于是把徒弟请了来，恭敬地礼拜他。拜过两拜要拜第三拜时，徒弟说："不要拜了啦！你究竟要问什么？"师父就问："你这几年在外面，遇到谁了？""没遇到谁，就遇到个百丈禅师！"于是他师父就敲钟把全寺住众集合来听这位徒弟开示。后来经徒弟证明，这师父是听了他的两句话开悟的。

你们之中，在座有的人来打禅七，是为了要我证明他开悟，或者是要我给他一个见性成佛的方法。这未免太心急了！六祖惠能大师开悟之后，并没有紧追着五祖问："我开悟了没有？"也没有问："什么时候传法给我？"六祖见五祖的时候，五祖已经知道：这是一匹千里马。但五祖还是把他放到大寮米仓去舂米。六祖也没想到自己开悟了没，也没有想到传法接法问题，他更不会想："怎么五祖不知道我的程度呢！"

你们不要急。我每天都在海里撒网捞鱼！你们都是大鱼，只不过尚未闯进网里而已。

禅的悟境当然是有的，但是不能急着想求悟境。至于什么时候见性、见道、开悟，那没有关系，因为不管开悟不开悟，都还是要这么用功，并不是开悟以后就不必用功了。就像开车，只要注意车况如何、路走对了没，而不要老是问："到了没有？"只要方法对、方向对，持续地用功下去，到了的时候自然就会到。

开悟又名证验，禅与证的关系和条件是什么呢？不妨顺便谈谈。

所谓"证"，是指经验，也可说，禅七的过程就是你的经验，这也是证。过程就是结果，所以打禅七的事实也可名为"证果"。但在禅宗，从唐到宋，祖师语录里从没讲几果几果，也从没讲开悟有什么层次，只说"有省"。有省就是悟。有的人悟很多次，有的人只悟一次。日本的道元禅师称这叫"桶底脱落"。也就是自我中心没有了，自我的痕迹没有了。这就叫悟境现前。悟了以后呢？更平凡，更像个普通人。

在我受戒期间，供十师斋的那天，发现少了一位尊证和尚，就是我的师父灵源老和尚。供斋时间已到，照说灵老是一定不会迟到的，但就是不见他的人影。大家四处寻找。突然有人说："厨房里有老和尚在吃东西，是不是就是灵老啊？"大家赶快跑去看，果然是。"灵老！您怎么跑到厨房里来吃了呢？大家等您供斋啊！""我也不知道啊！我在大门口说是来应供的，人家就带我来这里吃了呀！"因为他穿的是一袭破破烂烂的罗汉中褂，也没穿海青，提着个破布包，怎么也看不出像个大和尚。人家带他到厨房吃东西，他还吃得津津有味，他没有想，也没有说："我是戒师，怎么可能在这厨房应供。"

所以开了悟的人，不会想到自己高人一等，不会在乎自己是开了悟或未开悟，倒是比普通人更普通。

第六天开示

学耍无赖（早斋）

小参时，发现有些人仍然很紧张：觉得时间只剩一天半，方法却还用不好。也有的虽然偶尔也坐了几支好香，但好的感觉一下子又不见了，找都找不回来。眼看时间匆迫，心里愈来愈急。

我曾用许多比喻来说明"欲速则不达"的道理，许多人却还在那儿庸人自扰、自讨苦吃。我每天都告诉你们，修行就是磨炼耐性、锻炼毅力的。要求心得平安，心早就不平安了。

对付这些妄念烦恼，当用釜底抽薪的办法，那便是满不在乎，若无其事，不妨学做无赖。我曾说，禅七的过程就是结果，只要坐上七天，好是结果，坏也是结果，全都是宝贵的经验。不要一心求好，但求把心放在方法上面。昏沉、散乱，不必懊恼。痛、麻、酸、痒，全由它去，天塌下来，也不管它。

再提醒各位：绝对不可紧张。放松之后，至少可让身体健康、心绪稳定，否则急急忙忙地修行，便会惹出一肚子气。

刚才有人告诉我说：有一支香坐得真好，心好像开了，非常舒服，以后每回坐下后，就等待心开，左等右等，心就是不开。身心放松，舒畅感便会出现，你若紧紧张张地希望心开，却早已把心门紧紧地关起来了。实在愚蠢！

禅七的修行，没有竞赛，不打分数，不颁奖牌，只管练习放松就是。

如法修行（晚间心得总结）

禅七中我很忙，所以对大家的照顾不够周到。我的身体也不够健康，对于这回这么大型的禅七，居然能够平安地过来，都是各位自己的福报，加上护七人员，辛苦细心地照顾。各位同道同学善知识，也都非常自爱，没有让师父操太多的心。这次禅七，我对诸位是满意的。虽然反应各人不同，总是很顺利地圆满了。

打完禅七，每个人的感受有别。有的感觉是误上贼船，以后再不来了，甚至有人打完禅七以后，回头过来骂我的三门。但是绝对的多数，都有不虚此行，没有来错的感受。

各位打完禅七回去，是禅修生活的真正起点，禅七里所学到的，都可以带回去用。

依法修行，不会走火入魔，否则，是因为贪图便宜、执着反应、企求感应。在修行的过程中，身心都会有反应，这是必然的，也是好现象，你只要把它当作幻境、幻相、幻觉来看就好。若是发觉自己有了神通，也不必管它是真是假，把它当作幻境、幻相、幻觉来看，那就很安全。如果觉得有神通，你便表演神通，或者倚赖神通，那你会有大麻烦，真的走火入魔了。

处处安心 （最后一炷香）

这是禅七的最后一支香，要把全部的心力和体力投放到方法上，看看这一星期以来，学得怎么样，把学到的方法，再复习一下。

当然，打妄想的人还是会打妄想，昏沉的人还是会昏沉。人们常常自以为了不起，以为想做的就可以做到，不想做的就可以不做。其实，从修行中便可明白，自己的心，经常和自己对立，自己做不了自己的主人。白天做不了主，梦中更不用说；活时做不了主，死后当然更糟；这一生做不了主，来生还做得了主吗？

平常不修行，以为什么问题都没有，其实问题才多呢！不该讲的话讲了，不该做的事做了，该讲的就是不知道怎样讲，该做的就是不知道如何做。这就是佛说的可怜悯者。

可怜的是，掩饰自己、袒护自己的短处，夸张自己、欣赏自己的优点，这就是烦恼的根源。相反地，便是没有自信、自卑自贱、自甘堕落，也是烦恼的根源。故从第一天起，就不断地告诉各位，要用禅修的方法，首先认清自己，便能肯定自己，建立自信心；最初阶段，信心实在不容易建立，因为自己的心，随时都在三心二意、得陇望蜀，古人形容多变者如朝秦暮楚，禅修时的妄心，简直是前念秦后念楚，就像墙头草，东风吹西边倒、西风吹向东倒。又像在空中飘浮的游魂，不知道何处是归宿。

经过七天的禅修，已有人说："我原来飘飘荡荡地，不知何处是归宿；打完禅七以后，才知道这里就是归宿，今后希望随处都是归宿。"这使我听了，几乎要流泪。可怜，飘泊了这么多时日，才发现了归宿处。但愿诸位中的每一个人，也都能有这样的受用。

其实，处处无住处处住，何处不是安心处。但愿大家不要老像无头的苍蝇，只知狂飞乱窜，须知歇下狂心，当下即是。可惜许多人都像愚痴的幼鼠，虽然身在米缸里，却不知道这些米是可以吃的，还要撒一堆屎在里头，然后跳出米缸，到别的地方去找米吃。明明立脚处就是归宿，却还自甘飘零地到处找归宿。

搁下一切妄想心，省力地坐这一炷好香罢。

禅七圆满日

三皈五戒

打完一次禅七，就像洗了一次澡，连身带心，都像被漂洗了一次。在这七天里，时时都在打扫清理身、口、意三种行为，虽然尚未清净，但已正在向着清净的方向努力。就像餐具洗净后，装盛食物，不会中毒染污；在打完禅七之后，来受三皈五戒，要比平常更有受用。

诸位之中，有的已受三皈，有的尚未；也有人已受三皈，还未禀受五戒。所以，先得把受三皈五戒的意义及其内容，向诸位说明。

有的人不敢受戒，是怕犯戒；他们以为："不受戒可保自由，受了戒就不自由了。"那等于是说，受戒后不可以造恶业，不受戒便可以造恶业了。

其实，不论受戒不受戒，做错了事，便要负责。这是因果。若不受戒，做坏事的可能性较多，若受了戒，就会生起防止犯错的作用。纵然犯了戒，赶快忏悔，及时回头，以免愈陷愈深。所以，戒是修习定慧的防护网，是修道生活中的护城河。

受了戒虽会偶尔犯戒，总比不受戒而经常作恶要好。因为受戒，便有持戒的功德；受一戒有一戒的功德、受一天有一天的功德、受一分钟有一分钟的功德。犯戒仅对某一时段特定的对象有害；持戒则尽形寿对一切众生有功德。

在佛法中，三皈五戒，是戒的基础。先说三皈：佛、法、僧三宝，是我们修行的依据、人生的指标、生命的归宿。要想悟入佛性，端靠佛法指引，有一种人希望开悟见性，所以妄称皈依自性三宝，却不接受有相的住持三宝。然而，若无有相的住持三宝，何能凭空见到无相的自性三宝？既然希望得到佛、法、僧三宝的利益，却又傲慢地不接受三宝，真是矛盾之极的事。

诸位在禅七中依据我的开示，运用禅修的观念和禅修的方法，都是佛法，用这些佛法去继续修行。

佛法，是由佛发现的，由僧修持，代代传承的，故这三宝，是以僧为住持的代表，可尊可贵，因为僧宝传承佛法，僧人离俗度众，则又象征了清净的出离心和救世的菩提心。

可知，修学佛法，必须认同三宝、接受三宝、皈依三宝。然后跟着的是禀受五戒：

第一，不杀生。主要是不杀人，其次是不故意杀动物。并不一定要求吃素，能素食当然好，万一不便也无妨。但望不再以杀生来维持自己的生活。

第二，不偷盗。凡是财物，不论是私人的或公共的，明知非分之财，依然不与而取，皆名偷盗。若在无意中占了他人的小便宜，忏悔之后，还复清净。

第三，不邪淫。不是配偶而发生同床而眠的性行为，名为邪淫，这是为了维护个人的健康、家庭的安定、子女的幸福、社会的和谐。现今有同居而不结婚的男女关系，如果持久稳定单纯者，也可不算邪淫。不过这不是戒律的条文，而是衡量现实社会的情况。

第四，不妄语。主要是指未得谓得、未证谓证的大妄语。犯大妄语的人，目的为博取恭敬、供养，但却造成知见错乱，以凡滥圣、是非颠倒，因而造成断人慧命的因果责任。

若是撒谎反而使人得利，则不算说谎，可以是一种方便。但也要十分谨慎，非生命交关，情不得已，不要经常以说谎来达到弘法的目的。

商场人士，常以为做生意就非说谎不可，其实不对。现代的商品展售，都讲究信实可靠，何用说谎。

第五，不饮酒。这不是根本重戒，而是外围的遮戒，是为防范腐蚀前面的四戒而设。因为饮酒过量，便易违犯前四条戒。有人以为饮不及醉没有关系，但在人多场合喝拼酒，或是独自一人喝闷酒，小则有损健康，大则可能犯罪。为了防微杜渐，最好还是戒酒。现代社会亦应戒除麻醉药物。

以上这五戒，都是很容易遵守的。若不能五条全受，也可选择其中一条乃至四条来受。不接受的，在仪式进行时，就不必跟着我念；能受几戒就跟随我复诵几则。但是，在今天这么清净的因缘条件之时不受戒，多么可惜。切不要怕受戒，犯了戒可以忏悔清净，如果发现自己实在难守难持之时，也可以当着一人之面宣布说："我要舍某某戒！"就算舍了，便不算破戒。各位应发心受戒，受了戒，持守一分钟便有一分钟的功德，更何况，受戒所引生的防护功能，能使身心容易清净，容易安定，容易明心见性。何乐而不为呢！

（于一九九一年一月二十五日至二月一日主七开示，林其贤、郭惠芯居士整理）

东初禅寺第五十七期禅七

第一天开示

放松・方法・不计成果（晨坐）

首先希望大家在这几天之中，能够不用耳朵，除了听师父开示；不用嘴巴，除了吃饭、喝水和请教师父有关你用的禅修方法；不用眼睛，除了走路和工作。眼睛要随时保持着像在打坐的样子，而打坐时若眼睛睁开是为了保持清醒，而不是为了要看什么。

对禅修者，我有三个原则奉告：第一，要放松身心；第二，要认定方法；第三，要不计好坏。

打坐时，身体一定要放轻松，从头到手到小腹。心里不要急躁，经常保持有耐心。打坐时，若有昏沉、散乱，或方法用得不顺畅，还是要把身心放轻松。否则，紧张的身心只会徒增麻烦，并且浪费了时间。练习放松身心的本身就是修行，不是休息。身心放松而且内心了然确知身心之放松，是修行的基础，是修行的第一步。放松身心的要点是先把姿势坐正，然后要若无其事地安然直坐下去。如果发觉自己在紧张，要能随时改进。

我们这里通常用的禅修方法，有三种：第一是数呼吸，第二是念佛号，第三是参话头。依你们各人的情况，总归要选择其中之一来用功。同一个方法，虽然用得不好，用了十年、二十年，还是值得，不要轻易改换。

修行过程的本身，就是目的，修得好固然好，修得不好也不能懊恼；只要确知自己是在依法修行，对修行状况的好坏与否，都不要心生喜欢或讨厌。

从今天早上开始，要求大家在上坐之前先对你的垫子问讯礼拜，那是你的道场。坐下之后，把姿势坐正，并以坐得全身舒适为准，不一定要盘双腿，盘单腿也可以，两腿交叉坐也无妨。确定姿势已坐端正之后，不要再管你的身体，也不管你邻座的人，只管用心如何用好你的方法。

第二天开示

数息·参话头 （晨坐）

我们教的东西很多，诸如坐的姿势、运动、经行、礼拜的动作，以及观念上和精神上的指导等，都是为了调和身体、收摄妄心。

这里所教初级打坐用的方法是数息观。是在自然呼吸时，把注意力放在呼吸的数目上，而不在意呼吸的本身；呼吸的粗、细、深、浅、快、慢，都不要管。呼气时感觉鼻尖有气呼出去，就数一个数目，通常只数出息，不数入息。吐气时不要把肺里的气全部吐掉，只要吐百分之六十到八十就好。吸气时不得吸得太满，否则身内的气体会愈来愈多，而产生胸腹闷胀之感。一旦发觉是在控制呼吸或觉得呼吸困难，就要停止数息，只要注意呼吸的一出一入就好，或者暂时不注意呼吸。

所谓控制呼吸，是先数数字，然后再呼吸，呼吸的速度因此会变得或快或慢，很不自然。有少数人无法用数呼吸来修行，他们一注意到呼吸进出之时，就会觉得呼吸困难。遇到这样的情况，可用计数念阿弥陀佛圣号或计数念观世音菩萨圣号，做为禅修的初步方法，念一句数一个数字，从一到十，反复地数下去。到了妄念较少、心情稍安之时，也可以用参话头的方法，不断地在像"我是谁？""什么是无？""念佛是谁？"之中的一个话头上用功。

用话头时不单是念话头，还要希望知道那话头是什么意思。在用话头时，很可能常常得到答案，这答案或是自己给它的，或是从书本上看来的，或是从别处听到的，其实这些都是你头脑内的妄想杂念，不是正确的答案，任何一个答案出来，你都要告诉自己："这不是我要的，我还要追问；这不是我要的，我还要追问。"要一次又一次地把已得的答案推拨掉。要继续不断地追问、继续不断地推拨，才会产生疑情，才会进入疑团，才可能有拨云见日的悟境现前。

用方法的时候，不要希望很快得到结果，也不要期待把方法用得很好，只要老老实实的把心用在方法上，你就是在修行了。

禅修者要建立对三宝的"信心"，和对自己的"信心"。我们现在学习使用的观念和方法，是由师父教导的，师父是僧人；僧宝是修行佛法、传播佛法、传承佛法、住持佛法的团体。我们是向僧人来学法的，而佛法是由佛陀证悟的、宣说的。没有佛宝就没有法宝，没有僧宝就无人住持佛法和传承佛法。所以对此三宝的信心，具足之后，才能够进入禅修的天地。

除了深信三宝，还要相信自己，有禅修的能力，有禅修的善根，有修学佛法的需要和必要。不要小看自己，不可怀疑自己。你要相信，你自己一定应该修行，一定能够修行，一定是可以修成的人，所以会来参加禅七。若对自己和对三宝生疑，就难以保证你在遇到困境时仍不会放弃修行的努力了。

第三天开示

欢喜心・菩提心（晨坐）

修学佛法要有欢喜心，还要发菩提心。

"人身难得，佛法难闻。"我们不但得到了人身，还听到了佛法，又有因缘亲近善知识，指导自己，如法的修行，这是非常不容易的。

我们这个世界有佛法的地方不多，真正接触到佛法的人很少，就佛教徒来说，能接触正信的佛法并如法修行的，更是少之又少。

有些地方的物质条件非常丰富，但是没有佛法。我们这个地球有五十亿人口，美国有两亿二千多万人口，纽约市有一千万人口，全美佛教徒总人数是一百七十万，其中有多少人能听到佛法？又有多少人能修行佛法呢？像我们的人，实在是少数里的少数，能有闻法、修法的因缘，实在应该感到非常欢喜。

今天是禅七的第三天，在很多情况下，虽然身体并不是像平时那么舒适，也不可能有是来受罪的想法，但要告诉自己：能参加禅七是非常难得的，要生起大欢喜心。

学习佛法要发菩提心。发菩提心就是发起修学佛法、成就佛道、广度众生、断除烦恼的弘愿。众生生命的本身就是苦的结果，我们的心，经常不受自己的指挥控制，这是很烦恼很痛苦的事，但是当你想到还有很多众生跟自己一样，甚或比自己更烦恼、更痛苦时，我们不忍以自度了事。发菩提心就是要用佛法来度众生的烦恼痛苦。发菩提心是以利他为目标的。为了利他，自己一定要修学佛法；修习佛法的目的是为成佛，成佛的目的不是为了自己而是为了众生。学到多少就用多少去济度众生。释迦牟尼佛出家之前就已发了菩提心，他是观察到众生的苦难之时，便希望找到一个方法帮助众生脱离苦难，他才出家的。

因为诸位尚不是佛，来参加禅七，抱有自私的目标，希望从禅七得到些什么，这不是菩提心，但这也很平常。当自私心转变成菩提心，才真有力断除烦恼。在修习佛法的过程中，若不发菩提心，所得利益，非常有限；若发了菩提心，所得利益，便是无限。

解行并重·发菩提心 (午斋)

能正确地了解佛法是相当不容易的；听到佛法、了解佛法，并且有善知识指导如何照着佛法去修行，那就更加不容易了。

佛法分成两部分：一种是按理论讲说的，一种是要身体力行的。仅仅知道理论是不够的。知道理论而不照着去实践，即非真的，是解信而不是经验证信。因为三宝跟你的生命没有同根连体的感受。诸位在听到了佛法之后，能用佛法来修行、来体验，才真的是把佛法跟自己的生命结合在一起，才真的是对自己有用、对众生有用。否则听闻或讲说佛法，对自己只是一种知识的交流，对别人只是一种消息的传播。

　　中国有句成语说："坐而言不如起而行。"踏实地走一步路，胜过说一百句空洞的漂亮话。知道一句话就照那句话去做，那句话就对你有用。既发觉对你有用，一定要使它对别人也有用，因为学佛的初步，即是发菩提心。我们学佛是要学习佛的观念、心向、行动，一切要照佛的标准去做，佛有菩提心，我们也要发菩提心。在起步之时，不可能达到佛的标准，所以要一点一滴的学习，日积月累的修行。

第四天开示

忍辱·精进 （晨坐）

　　已是第四天开始，困难应该已经少多了，但也要看诸位的心态如何而定。如果能够接受修行的事实，并有修行的认识，那便能够顺利，如果心理状态矛盾，还是会困难重重。今天要提供诸位的两个观念，便是忍辱心和精进心。

　　"忍辱"不是咬紧牙关，而是以平常心接受事实、面对事实。在修行过程中，身心有反应，不论好坏，都是正常的。在不同的情况和不同的环境下，禅修者会发生不同的现象，当思惟如何应对处理。除头痛、心痛、发冷、发烧，都不是病，能善于处理，你就能够接受，那才叫作忍辱。

禅七从开始到最后一天，都是苦多乐少而回味无穷，其实，修行人的一生一世都应该是这个样的。我今年六十三岁，修行的时间已算不短了，经常修习三学增上，享受法喜禅悦，同时也经常接受逆增上缘。面对困难而消化困难，便是修行者的正常生活。

诸位也许听到过，修行直到成了阿罗汉，照样会遇到困难，纵然到了快要成佛之时，魔障还会一个接着一个。这表示，在修行的路上一定要有忍辱的准备并要练就忍辱的能力，才能平安地过了一关又一关。如果在禅七中能接受这个观念，练就这个习惯，到了日常生活中，就没有一样事不顺利的了。因为你的心是平衡的，所以就没有一样事会使你困扰的了。

"精进"的意思是继续不断、锲而不舍。抓着它不放下，咬着它不丢掉，黏着它不离开。禅宗有一位祖师曾经形容，精进用功看话头时，就像咬着一个滚烫的蜜馅糯米团子，因为味美，进了嘴就舍不得放口，又因太烫，故无法马上吞下肚去，糯米团就随着舌头在嘴巴内不断地滚来动去，不敢疏忽休息，否则便会烫伤了嘴。在那样的紧要关头，心念贯注，绝不会散乱。

这个比喻，不是顶好，因为糯米团终究会凉下来，会被吞下去。真正的精进，是继续地用方法，好像那糯米团永远滚烫，永远吞不下去一样。

用方法时，若能觉得这个方法真好，就像蜜馅糯米团的滋味一样地美，这时候用起方法来不会紧张，而会有一种享受它、舍不得丢掉它的体会。这样，你才能真正不断地精进努力。

"精进"不等于拼命，而是努力不懈。不可像山洪暴泻，要像细水长流。精进是不急不缓、不断地用方法。精进不是猛冲直闯，弄到筋疲力尽。如像山洪爆发，则一冲而下，造成水灾，过后又会带来旱魃。若能像长流的细水不断，对人对己都是有益而无害。

昏沉·散乱 (午斋)

到今天下午，禅七已进行到后半阶段了。头上几天，诸位的双腿很难适应整天打坐，现在可能腿还会痛，但已能接受这个事实，所以也就不是问题了。不过，仍有人还无法驱除昏沉以及散乱的现象，以致内心有些烦躁。

禅七的头两天，昏沉的原因，多半是由于禅七以前的生活步调太紧，弄得身体很累，来到禅七中，需要恢复体力，所以会打瞌睡，如果你们能照我第一天指示的，以像细水长流的原则来修行的话，应该不会有大量消耗体能的情况发生。

若已在用正确的态度，精进用功，依旧瞌睡昏沉，则可能有另外三种原因：1.坐姿不准确，例如垂颈低头、弯腰弓背，懒洋洋地、有气无力地呼吸，会导致氧气不足而引起昏沉的现象。正确的姿势是将腰挺直而不是把胸挺出，脊椎、头颈与头顶，要挺直成一条线；头的姿势，不仰不低，下巴收起。若能这样，就不会发生缺氧的情况了。2.久坐枯坐而未见好境现前，心情发生厌倦。就像母鸡孵蛋，一直还是一窝冷蛋，好像根本没有希望孵出小鸡来，所以有些失望。3.对禅修的理念不够清楚，对禅修的方法没有信心，对自己的目标捉摸不定，因此产生懈怠，接着便是昏沉。

如果找不出昏沉的原因，就是出于不自觉地懒惰了。这时候最好不要打坐，改用双膝跪地、两手合掌、两眼睁大、平视正前方，继续用方法。换一换姿势，会觉得新鲜一点，同时跪在地上几分钟之后，膝盖有点痛感，就能保持头脑的清醒了。

"昏沉"是心力不济，"散乱"是心情浮动。散乱之际，方法用不上力，原因很多，可能是心理的因素，也可能是身体的关系。如果散乱而至烦躁到不能打坐的时候，就不要坐了，到禅堂外面经行，也可以到佛前拜佛。经行或拜佛的动作要缓慢，清清楚楚注意身体的动作、过程、触感，对心念的起落也要了了分明。等到身体的气脉渐渐舒畅，烦躁的情况自会减轻，这时候又可以打坐了。

第五天开示

摄心 · 安心 （晨坐）

禅修者要练习到随时都能够做自己的主人。既不受外面好坏环境影响，也不受内在烦恼起伏困扰。

现在，给诸位介绍两个名词：1.摄心，2.安心。摄心乃随处把攀缘的心从外境收回来；安心则随时把浮动的心用观照稳下来。

禅七，在日本称作"摄心"。这有两层意思：一是收摄起来，二是连接不断。禅修的基本作用，就是要把向外攀缘的妄想心收回来，使前念心与后念心，念念不断地用在方法上。如果方法不能用得连贯，妄心不能向内心收摄，那便永远是个随波逐流的无主幽魂。

"安心"也有两层意思：一是把内在浮动的烦恼安定下来，二是无心可安。烦恼安定之时，可得轻安，可得定境；无心可安之时，可得自在，可见佛性，就是发现了无我、无住的无念心。

通常的凡人，都有恐惧、忧虑、悲伤、失望等情绪，都是不能安心的原因。禅修就在于练习着将这些忽起忽落的虚妄心，随时能用禅修的观念和禅修的方法，达成摄心、安心的目的。

无心可安即是无我，若知无常即见无我，所以，若用无常观，也能安心。任何现象，不论在心内或心外，都在刹那生灭，瞬息变化，无非幻起幻灭的虚妄境界，此即无常。不论是非善恶，时过则境迁，无有实法，毋须心随境转。若能知道并接受这种无常的观念，就不会被境风所动，不用安心，心已自安了。

用修行的观念可以安心，用修行的方法可以安心，而此安心之法，有直接和间接的两种。

直接的安心法是无心可安。所有的妄想心，都是偷心，只要提起正念、反省、观照，那个偷心就会消失，就像小偷仅在暗中活动，遇到光明便不敢行动了。

间接的是使用禅修的方法。心在烦乱不安之时，赶快用方法：数息、念佛、参话头等，把不安的心，转移到方法上，久而久之，也能发现无心可安的境界。

心在浮动的时候，要提起正念，要使用方法，就像空中飘动的柳絮，只要遇到任何可以依附黏着之物，就黏贴了上去，浮动的心也就安下来了。

方法·原则·观念 〔午斋〕

禅修不能天真，必须切乎实际，要实学、实修、实用。不要急着开悟，不可等待开悟，首先把心安定下来最要紧。心若随时随处，都能不受外境的影响，才是最重要的。我们的心，若能不被外境影响，也不扰乱别人，就是已在享受法喜及禅悦了。

今天早上，讲了两个名词：摄心与安心。

关于摄心和安心，在佛经里有个比喻说是"守护六根，如龟藏六"。守护我们的眼、耳、鼻、舌、身、意的六根，不要被境界影响和打扰，要学得像乌龟那样，遇险时，把头、尾、四只脚，藏在壳里，才能保护自己，不受伤害。

禅七第一天，我就要求大众，在禅七里不用眼、耳、鼻、舌、身、意等六根，便不会产生妄想。内六根缘外六尘，生起六识的妄心。若将外缘的妄心，摄归不动的自性，便是安心。

打坐时，念念不离心所系缘的，就是禅修的方法。放松身心、认定方法、不计成败，都是禅修的原则。无常、无我、无念、无住、无相、无得等，都是禅修的观念。请将此"方法"、"原则"、"观念"，牢牢记住，不断练习。

这些都非常简单，也极深奥。若不修习，便不知其何以深奥？若不实修，便不明其简单何在。不是因为简单，所以很快就学得会，反而是愈简单的事愈难登其堂奥。

第六天开示

别计较 · 要发愿（晨坐）

今天是禅七的最后一天，也是最重要的一天。要像参加千米或百米赛跑一样，到离终点只差十米时，总要冲刺一番。

禅修中切忌思前想后，比来比去，诸位不要跟禅七以前的你比好坏，不要跟禅七中其他的人比高低。一比较就会产生两种结果：比得更好，会产生骄傲心；比得不好，就会失去自信心。最可靠、安全、要紧的，是让自己确确实实地努力于现在的方法。在禅七中如此，在日常生活里也当如此。

禅修者不要怕失败，走过失败，就是得到一种经验。人在一生中每件事情都做成功，是不可能的事，把每件事都做失败，倒有可能。如果你觉得这次的禅七修行，到现在为止都是失败的，那么你在剩下的最后一天，也将是失败定了。如果你能不管好坏，只要把握眼前的一念心，珍惜眼前的一秒钟，也就念念都在用功，时时都是良辰了。

我们的身心不受控制，梦想很难成真，然对于禅修者而言，若肯痛下决心，发弘誓愿，便能有愿必成了。常常发愿，便可时时提起愿心，逐步走向目标，发了弘愿，虽然不能立即如愿，若是抱着能做多少就做多少的心态，便会日积月累，水到渠成。对于初发心的禅修者来说，乍看之下，发愿似乎没有什么用处，但发愿确能使禅修者朝向既定的目标前进。发愿就有了依归的方向，虽不是立即到家，确已老家在望。

发愿，可大可小，必将成佛是大愿，必能安心是小愿。你在坐上蒲团之后，要对自己发愿："心若不安不起此座。"虽是小愿，恰与成佛的大愿相应。若能每次发愿，便能坚定意志，落实信心，每次落坐都会坐得很久很好。

感恩·报恩·熏修（午斋）

禅七开始那天，大家还不习惯，所以不易感到心在禅修。到了第六天，有人就可能已在开始计划禅七结束以后的事了。如果真是那样，那就可怜极了。禅七中若不能将心放在禅堂修行，离开禅七道场之后，你们的心就要经常生活于尘劳翻滚之中，很难安宁了，所以要珍惜剩下的最后一天。不管前面的五天，是怎么过的，或好或坏，反正已成过去，是好别得意，是坏勿气馁。尽力把握仅剩的光阴，便等于担起了如来的家业。

禅修者，既然要有难遭遇想，也当要有感恩之心。事实则不然，1.通常的人总认为自己付出的要比得到的多，很难体会到别人对自己也帮了不少忙。2.有的人得到别人的帮助之后，却不会想要感谢，甚至认为即使他不帮忙也有其他的人会帮忙，纵然无人相助，也不至于没有办法。3.有的是在受到帮助时，会在礼貌上表示感谢，不过，话是讲给对方听的，跟自己的心没有关系。以上三种态度，都不是学佛禅修者所应有的。这都是骄傲、自私和虚伪的表现，与感恩之心不相应。

禅修者们受人粒米滴水之施，也当感恩图报，而且要有实际上的回馈，不是说句谢谢就算了。不过，回报不易，就像要使水往上流、火向下烧那样的困难。因此，报恩的方法，不一定要直接的回馈，禅修者若能时时看住妄想心，使它更正常、更平衡，不烦于己、不恼于人，进而有利于己、有益于人，那也算是回报。

这种回报的方式，要靠修行观照才做得到。"观"是观我们正在做什么，"照"是很清楚地知道我们在做什么。如能修习观照，便会发现自己常常讲错话、做错事、动错念头。

禅修者在观照中，发觉了自己的身、口、意三业有缺点时，则当以惭愧心纠正自己。

尝听禅者们说："宁可在丛林里睡觉，不要在小庙里办道。"因为住在大海般的丛林寺院里，虽只是跟着大众，光知睡觉，也有规则，该睡即睡、该起即起；纵然当大众在禅堂打坐时，他也一味地昏睡，但他至少也是跟着大家一起坐在那里，总比一个人在小庙里，做着没有定时、定规、定法的修行来得好。因此，诸位善知识，能来参加禅七，跟很多人一起共修，于作息时间、生活方式、修行观念、修行方法，都在熏习再熏习，即使自己没有修行，总该也被熏到一些禅修的味道。正像自己虽不抽烟，若在供人抽烟的房间内停留久了，也会被熏得满身烟味的了。

（于一九九二年六月二十七日至七月二日主七开示，郑素珠居士整理）

东初禅寺第五十八期禅七

第一天开示

心理准备 （晨坐）

这是第一个早上，有些人可能没有睡好觉，但是不要担心。

诸位要有心理准备：头一、两天乃至第三天，你的腿、背、身体，会觉得累、痛、麻、酸。但也有人从第一天起，就习惯了；也有人头一天感受蛮好，到了第二天就可能觉得已下了地狱。多半的人，则如倒吃甘蔗，愈往后愈有味道。

放下过去与未来

　　禅修中，要学着把自己的过去、未来暂时摆下。你要告诉自己"我打完禅七再说"。头脑里边要不断地注意方法。也就是说，你的身体在禅堂，你的心也在禅堂，不想过去，不想未来；到后来，即使现在的一念，也能放下之时，才算真工夫。

放下妄念

　　如果知道有妄念，是正常的，只要不跟妄念走，就可以了。在你发现妄念时，妄念已经不在了。所以，不用担心有妄念，不要后悔有妄念。

放松身心

　　如何使自己的身体放松，头脑放松？只要不管身体在感觉什么，头脑在想着什么，只管将身体交给蒲团，把心交给方法，就好了。如能这样，则一炷香又一炷香的，将会过得非常之快。否则的话，你就会有苦头吃了。

不求利益与目标

诸位来参加禅七，应该是有目标，并且希望得到利益的。但是，你能进入禅七，这就是你的目标和利益；不得老在指望目标、期待利益，否则，你会更加紧张不舒服。这就好像你们做工，是为了赚钱，为了得到钟点费，但是，钱是你做完工之后，老板才给的。如果，你一面工作，一面老想着："奇怪，钱怎么还没到手？"你就无法把工作做好，工钱大概也拿不到了。

坐下之后，确定坐的姿势是不是很舒服，然后，把身体落实于垫子，念头安住于方法，就不要再动了。每一炷香三十分钟。但请不要看手表，不要希望三十分赶快到。时间到了，自然有人会打引磬，请你出定。

修行四原则 (午斋)

禅修者要有四个生活的原则：1.整齐，2.清洁，3.宁静，4.和谐。

在禅堂、寝室、斋堂乃至浴厕，任何一个地方，经常保持"整齐"、"清洁"。

在禅七中，首先要练习把自己的生活照顾好。照顾自己住的地方、睡的地方和坐的地方。然后，你一定会把你的家庭环境及工作的地方照顾好。不会照顾自己而说照顾他人，一定是自害害人。

在禅堂，每次打完坐，站起来以前，要把盖腿的毛巾折好；站起来以后，把毛巾和垫子都摆整齐。穿的衣服和随身戴的东西，包括眼镜和手表，打坐时不要放在坐垫前边或后面，要放在你和旁边另一个人垫子的中间。因为，放在身前身后都会妨碍自己也障碍他人。当你经过任何地方，若看到纸屑等垃圾，要随手捡起来，丢到垃圾筒。

在斋堂用餐，餐桌上，盘子、碗、筷子和刀叉等都摆在距离桌沿三横指的地方。把碗放在盘子上，水果皮和用过的餐巾纸放在碗里；把汤匙和刀叉放在碗的右边盘子上。吃完东西，要先用一点水，把碗、盘的食物屑洗一下，然后把水喝了，才算这一餐吃完了。

餐巾纸有两种用处：1.擦嘴，2.清洁座位前的桌面。餐后，桌面要保持干净，连一滴水也没有。如果，桌上有食物屑，假如不脏，就把它吃了，如果脏，就把它和果皮一起放在碗里。要让你前面的桌面，保持非常干净，就像没用过一样。

若能照顾到环境的整齐清洁，才能照顾到你的心。

要得心的清净，并不容易，但在耐心地把环境照顾得整洁之后，心也比较能够清净与平静了。

所谓"宁静"是指：1. 口不讲话，2. 身不粗暴。不论任何动作，都要安详宁静。口不出声；身体的行动也尽量轻巧、轻声。数十人乃至数千人在一起行动，也要鸦雀无声，如处于无人之境。

所谓"和谐"，有两个层面：1. 是自我内心的和谐，自己的前念不要跟后念冲突。2. 跟外境接触的和谐，与任何相对的人、事、物之间，不要敌对相抗，而要沟通协调。

禅修者，要先把自己做好，对内不起矛盾，对外定能和谐，如果时时抱怨环境指摘他人，一定是内心失衡，所以古德要说："静坐常思己过，闲谈莫论他非。"敌对互斗不是办法，疏导化解才是良方。

对治瞌睡

饱餐之后，通常容易瞌睡。所以，这次禅七中午餐后工作完了，可以躺下休息二十分钟左右。

若是午睡后，还有昏沉，请用三种方法对治：1. 请求打香板；2. 把眼睛睁大；3. 跪在硬地板上，两手合掌。如果并不是因为身体累，而是自己懒，跪是有用的。如果是懒，则将腰椎挺直；如果腰不挺直，呼吸不畅，将会氧气不足，以致头脑昏沉。

如何数息

数息是数平常自然的呼吸，不一定要注意呼吸的长短，也不一定要注意小腹。有人注意小腹蠕动的感觉，但不得用心意去控制它。这种方法即使用久了，只有静坐的舒服感、稳定感，却不能使人放下四大五蕴的假我。而且注意小腹，不易觉察妄念，若数呼吸，则可知道妄念出没。

数息通常是数出息，每呼一口气，数一个数目，从"一"数到"十"。但是也有人数入息，那是看个人呼吸习惯。一般人呼气长，吸气短，但也有些人习惯吸的时候慢，呼的时候快。我们要数慢的，出息慢就数出息，入息慢就数入息。

数呼吸时，发现妄念不管它，马上回到方法最重要。如果你根本不可能数到"十"，有时数过头，这种情形，倒数比较好。倒数能让你有更多的工作做，注意力便比较能够集中了。从"二十"数双数，一直数到

"二"，再从"十九"数单数，一直数到"一"。这样子，妄念就会渐渐减少。

第二天开示

禅是定慧相应（晨坐）

禅法的修行，必须具备三个条件：

（一）身体在日常生活中的行为，要做到整齐、清洁、宁静、和谐。实际上，这与"戒"的精神相应。

（二）用禅修的方法，摄心安心。《六祖坛经》说"即定即慧"，离心无定亦无慧。摄心安心的方法，便是用来得禅定开智慧的工具。

（三）重视无相的智慧。世间定不离烦恼，世间慧未得解脱，禅法的定出离烦恼，禅法的慧即证解脱。离烦恼证解脱，是一体的两名，所以定慧相应，即一即二，不二不一。禅的智慧是什么呢？明察诸行无常，所以实证诸法无我。禅修生活中，若观身体动作，即见无常，若观念头起灭，亦无常。身心无常，即知无我，即证空性。此乃由观生慧，而知身心世界，皆非永恒。所以无我的智慧，是出于离烦恼的大定。

中国禅宗所讲的定，并不是心中没有念头。但在经验上和观念上，都知道念头是无常无我的，本身没有永恒相，故能不住于相，如如不动。常人心随境动，念随相转，禅悟者心不随境转亦不为相动，但却仍能"无住而生其心"，不住分别烦恼相，但有清净智慧心，应对万物，适如其分，那便是定慧相应的悟者心境。

很多人认为顿悟是突然发生的，这没有错。若无预备的工夫，要产生顿悟，也不容易。若无实修的工夫，空想顿悟的成果，那是过分天真的想法。

以智慧用方法（早斋）

禅修须用方法，用方法必须要有智慧。否则，不落于盲修瞎练，便落于邪知邪见。

"智慧"是什么呢？在佛法中，有世间智、出世间智，以及诸佛的一切种智，对于上上乘的禅者而言，当然是无漏无相的佛智。故在没有开悟的禅者，是用佛的智慧，以及祖师们的开示来指导我们，禅修的原则和禅修的方法。当选用禅修方法时，需要依据佛言祖语为准则。把佛言祖语的经教开示，当作龟鉴，也就是借用诸佛菩萨及历代祖师的智慧，将修行的方法，用得非常安全可靠，并可因此检点自我，化解问题。

练习的观念

禅修者学到的方法，不管是跟老师学的，或者是自己从书本上看到的，都只是个原则，用了以后，还要揣摩如何把它用到最好的程度。有一些问题，你可请教高明的老师，如果老师也帮不上忙的时候，只有你自己才能调整心态，揣摩方法了。

英语的打坐叫作 practice，就是练习，从生疏练到熟悉。并不是样样都要靠老师来告诉你。开始练习的时候，你的方法不会很纯熟，等到练习久了，依据前人的智慧，加上自己的练习，就能纯熟自如，得心应手了。

对治散乱 (午斋)

师父只能给你消息和方向，至于用功解决问题，还是要靠各人自己。

禅修过程中，最难克服的两样事，即是昏沉和散乱。昨天已讲过如何对治昏沉。

至于"散乱"，原则上是相同的。如果非常散乱，暂时把头脑和身体放松，不用方法，休息一下。

　　散乱的原因也有很多种类：1.不会用方法。2.方法用累了。身体并没有疲倦，可是对那个方法已厌倦。3.是懒散，因为不觉得有烦恼，并且满舒服的，就让杂念头一个接一个地幻起幻灭。

　　对治之方法是"不怕念起，只愁觉迟"。如在发觉散乱时，那已离开了散乱，立即回到方法去，便是正念分明。不用担心散乱，提起方法来就好。

方法三要诀——观、照、提

　　"观"、"照"、"提"三字诀，可以对治昏沉与散乱。

　　"观"是正在用方法。

　　"照"是知道自己正在用方法。

　　"提"是发觉自己失去了方法时，赶快再把方法提起来。

　　当用"观"的工夫时，同时也要不离"照"的工夫；"观"如走路，"照"如知道自己正在走着正路，没有失去正确方向；"提"如不小心停下了脚步（昏沉），或者走错了叉路迷失了方向（散乱），发觉之时，立即修正方向，走上正路。

不论用何种方法，均可运用观、照、提三字诀，若用参话头，功效更显著。

第三天开示

心向内看 （晨坐）

"心向内看"就是"照"的意思，随时知道自己的念头在做什么：1.用方法，2.打妄想，3.不明朗。如能对这三种情况了如指掌，就可算是已在禅修。

若能不注意身体而注意心念，不注意外境而注意念头的活动，你就会很快得到忘了时空的经验。当你注意内在的念头，念头就会少，时间就会短，空间就会大，身心的负担也就轻了。

如果你是数息，一面数（观），而且很清楚自己在数（照）。你自己要不断地有意无意的"意识"到，你不能离开数息（提）。如果是参话头或用其他方法也可比照着做。

很清楚地知道自己在做什么，就好像是你自己看到另外一个人在做什么；或者是另外一个人在看自己做什么。这个时候，你的头脑保持清楚，但不是紧张；抱住方法，但不是拼命。一般不会用功的人，用功之时，是用很大的体力和心力来控制自己。

快·慢·好·坏（早斋）

禅修时如果没有放松身心，在坐了一、二炷香以后，便会觉得好累。放松不是懈怠，还是要以绵密的意志力来用方法。

在用方法时，你会觉得好像没进步；或者方法用得很熟，也像没有产生什么结果。这就好像长程开车，由于公路两边的景致是相同的，因而并不觉得在前进。有一次，我在美国中西部乘车旅行，感觉上车子开得很慢，再看车速表，原来好快喔！为什么会那样呢？因为高速路面两边景色相似，所以虽开快车，还是觉得好慢。

打坐的过程中，如果用方法用得满好时，你可能觉得无聊，就不想继续打坐；若觉得兴奋，就已经离开了方法。

第四天开示

但念无常·努力用功（晨坐）

记得童年时代，时间过得很慢，增加一岁，总要等待好久。但一过中年，就是二十年，也似乎很快地过了，我今年虚度六十三岁，过得愈来愈快。佛说"无常"，祖云"迅速"。若不学佛，不知"无常"；若不修行，不解"迅速"。

释迦牟尼佛在鹿苑开始说法，就告诉弟子们"无常"的观念。到他涅槃之时，也告诉弟子们"有生必有灭"。生灭无常乃是世间相，"生灭灭已"才是解脱境。若不实修、实证，永远难逃无常杀鬼的魔网。

禅七期中，每天晚课唱诵的〈普贤警众偈〉，有云"是日已过，命亦随减"；"但念无常，慎勿放逸"。这是告诉我们，生命太短了，时间太快了，如果不能珍惜时间，好好努力，就要没机会了。如能警惕到"生命无常"、"时间短促"，就不会把宝贵的生命，浪费在人我是非、利害得失等烦恼之中了。平常时若能提起无常，并且真正感受到无常，将会努力地来做有益于自己和别人的事。禅修中，每当念头生起时，若能警惕到生命无常，便会转杂乱妄想为正念的方法。

　　本期禅七中，有几位禅修者的禅修年资，已达二十多载，真是难能可贵，二十多年尚未退心，其中必有原因。但是他们在这二十多年之间，是否天天修行，那就大有问题了。顶多在某些寺院道场住过若干时段，顶多一年打一、两次或三、四次禅七。在日常生活中，每天顶多坐一炷香。其他的时间，都在忙着生活、家属、事业，忙着妄想、烦恼、无聊之中过去了，这怎能算是已经修行二十多年了呢？

　　就算在禅七里边，虽然从早到晚都在禅堂，可是，请你清点一下，妄想昏沉的时间占了多少？夜间睡眠用了多久？全心用功的时间到底有多少？如果你能体认到修行的时间真的不多，你就一定会精进不懈了。

　　所以，请诸位每次打坐以前，要向自己的垫子顶礼。一拜或三拜，同时发愿：“愿我把所有时间都用在方法上。”坐下以后，再发一个愿：“这次坐下去，不是等待着敲引磬放腿，而要把我全部生命放在我的方法上。”

禅修与意志 （早斋）

要将"无常"的体验，跟生命结合，的确很难，但可以在日常生活中时时提醒自己：我正活在无常之中，我即是无常的本身。若要将此警觉，持之以恒，须靠意志的力量。

曾有一位年轻人来参加禅修并且发心出家，结果由于修行不得力，出家很烦恼，就认为自己的准备工夫还不够，所以又放弃禅修，回家去了。其实，佛说"制心一处，无事不办"。也可解释为只要意志坚定，任何难事都可办成。意志力薄弱的人，对他们要做的任何事，都没有坚持做下去的决心。

学佛成佛是多生多劫的事，出家不是演戏，禅修不是时髦，乃为终身以赴的弘愿，岂容浅尝即止，半途而废？要在大风大浪冰天雪地中长途跋涉历练之后，始能透露出灵山的一线光芒。若有心理准备，便有坚强的意志；若已知路途多艰险，遇到艰险乃为预料中事，便不会被艰险的情况阻止了前进的努力。

我有一个弟子，并不特别聪明；只因他做任何事，都能全力以赴，所以学任何东西，虽不比其他的人学得更好，但他不会放弃，他有"要学就把它学会，要做就把它做完"的意志力，这是他的长处。禅修者，更当付出类此的意志力，方能大有所成。

第五天开示

忏悔（晨坐）

《六祖坛经》虽云禅者宜修"无相忏悔"。对初发心的禅者，仍宜从有相开始。如果开始修行，就讲无相，那就不需要有禅修的名称和禅修的方便了。实际上，当我们还有我执的阶段，必须要用"有相"的忏悔方法来修行，达到实证空性之时，自然即是"无相"的境界。

惭愧与忏悔

忏悔和惭愧都是反省的作用，惭愧是发觉自己的错误；忏悔是在承认自己的过失之后，愿意承担责任，并着手修正改进自己的错误。所以，忏悔的行动，要从惭愧心生起之后开始。

惭愧是反省自己的身、口、意三种行为，从注意自己行为，进而了解自己行为，然后反省自己行为，结果是改善修正自己的行为，便是惭愧与忏悔的功能。一次又一次地起惭愧、修忏悔之后，身、口、意的三种行为，便会愈来愈清净，那也正是离烦恼证智慧的禅修目标。

可见有相忏悔是禅修的辅助方法，无相忏悔是禅修的最高目的。初学禅者，想要解脱烦恼，必须从反省及忏悔的工夫做起。

惭愧心与忏悔心之间有不可分割的关系，有真惭愧必也能真忏悔。没有惭愧心不会有忏悔心。同样地，若无惭愧心与忏悔心，禅修就不易得力。为什么？因为自私、自慢的自我心重，便不能得无我的空慧，也无从获得解脱。要从自私的我相，获得解脱，才能实证无相。

什么是自私的我相？贪、瞋、骄慢、自卑、嫉妒等全是。自私的自我相，须用惭愧心及忏悔行来清理，否则的话，纵然勤修禅坐，也很难开悟。

自我障碍 （早斋）

早上我们讲惭愧。如果惭愧心不容易产生，忏悔就得不到；忏悔做不到，业障就不能消，修行也不得力。禅修不得力，原因很多，且举三种：

（一）没有很好的老师。

（二）有老师，但你不知要亲近他。

（三）有老师，但他不知道你有什么问题，无从帮助你。

这三种原因，看起来似乎有一半以上是没有好的老师，其实，都是出于自我的障碍。

石中的璞玉，固然须待明眼的巧匠，才能成器，如果本是顽石一块，纵遇巧匠，也是徒然。禅修者本身的身心状况以及善根福德的条件，便能决定他的际遇。如果具备了学法的基础、求法的热忱、弘法的悲愿，即使遇不到一流的老师指点，也能瓜熟蒂落，一触即悟，剩下的仅是求得一位过来人的印证。故在明师与高徒之间，并不需要耳提面命的关系，只有对于质地较差的弟子，才用得着细心的教导；特别需要老师长期照顾的学生，也得要有谦恭、诚信、精勤的条件，才能获得老师的倾囊相授，就像黄口的乳燕在巢，当母燕回来喂食之时，乳燕若不知自动张嘴，母燕便爱莫能助了。

因此，对于一个业障很少的学生，老师不需要花太多心力与时间的，只需老师简单的几句话，就可以帮上大忙。老师就像握有金库大门的锁匙，只需交一把锁匙给学生，就等于给了全部的金库，学生获益之后，他会感激不尽，认为这是来自老师的教导。相反地，有的学生要花老师很多的时间和心力去帮他，结果学生所得仍是很少，甚至还骂老师藏私，没有好好教导，其实这都是他自己的问题，不能怪老师。

障碍是什么？

障碍，虽跟宿世的果报有关，但也不是不能改变的，例如多疑、自慢、骄傲、自卑、贪欲、瞋恚、邪见等心障，对于禅修者而言，应该已是耳熟能详的名词，只要愿意经常反观自省，便可逐日改善，心障逐日减轻，用功也就可以得力了。

这些心障，即是烦恼，即是自我膨胀、自我保护、自我炫耀、自我陶醉、自我菲薄的自我中心，若能有为法忘己，舍己求法的心愿，心障便会不成障碍了。

除障的最好方法，便是惭愧与忏悔、发愿与精勤。惭愧心能够产生忏悔心，忏悔心可以修正我们自己，自己的观念一改变，业障就会减轻，加上求法弘法的悲愿，学法修法的精勤，便会遇到好的老师，老师也容易来指导你。用功得到窍门，进步就快了，到这地步，障碍可能还有，但已不会阻挡你了。

四种礼拜（上午禅堂）

现在，介绍四种礼拜的方法：

（一）感应礼拜。希望用礼拜求得佛菩萨或护法神的感应。例如求健康长寿、家庭和谐、官运亨通、财源滚滚、子女聪明、子孙繁荣、出门平安、万事如意等。

（二）恭敬礼拜。对三宝恭敬，或为感恩，或为崇信，这种礼拜是从行为者内心自发产生的，对于受拜的对象没有一定的受授关系，他不会因你礼拜而多了什么或得到什么，得到利益的乃是行为者自己。

（三）忏悔礼拜。也就是从惭愧而忏悔。如果是一个非常骄傲、我慢心很重的人，不容易向任何人低头，更不容易叫他趴在地下礼拜。

能做忏悔礼拜的人，必定已是谦虚，或者正在学着谦虚的人。因此，忏悔礼拜可以提升人的人格，改变人的气质，使人变为诚实、温和、谦冲。

有错误能够承认，真诚忏悔，就相当于衣服脏了，用肥皂水洗了再穿，脏了再洗，那衣服还是保持干净。如果根本不洗，那衣服永远是脏了，还以为它本来就是这个样子。凡夫犯错,是正常,自己认错,是美德。人非圣贤,岂能无过,闻过则喜,知过即改,便是贤者,也是禅者的心行。

(四)无相礼拜。无相须从有相开始。观身、受、心、法的四念住,观四大、五蕴的和合身心,若能观成不净、苦、无常、无我,那就是实证无相。无相忏为什么要从有相开始?因为凡夫的心,不可能一下子就变成无我、无相,一定要从有我慢慢体会到什么是无我。

无相礼拜的层次

无相的礼拜,有三个阶段:

(一)知道自己在拜,而指挥自己礼拜。拜的时候,全身任何一个部分的动作和感觉,都清清楚楚。在这个情况下,你的心一定要很细,很有耐心。

(二)知道自己在拜,感觉到自己在拜,但是不需要用心指挥。而你看得清楚你的身体在礼拜。这时候你不用想:"我在拜。"因为你已经不再指挥他了。你是个旁观者,知道有人在拜就好。

(三)你自己在拜,人家也看到你在拜,非常正确地在动作,可是你自己已经没想到自己在拜,也没有想到有一个人在礼拜。这时已进入到与无相相应的阶段。但尚不是开悟，是你的心已经非常宁静、稳定，不受内外境界所感染。

正在这时，如果机缘成熟，惊天动地的悟境，就可能突然在你的面前出现。

自省与自信（午斋）

惭愧、忏悔，就是要自己看自己的过失和弱点，发现的愈多，信心愈强。知过而改，善莫大焉，就是不能立即全改，自己也会建立信心，此即有了自知之明。若不自省自知，易流于轻举妄动，不断地遭受挫败，便会对自己丧失信心。所以禅修者当从不断地自省中建立坚固的信心。

禅修者要时时向内观照，觉察到妄念纷飞，便是用功；觉察到烦恼起伏，便是修行。如果得少为足自以为是已入圣域，倒是危险的情况了。如果老是想着自己的好处而沾沾自喜，那会变成傲慢，是烦恼而不是智慧。禅者察觉到自己的缺失，并不会变成自卑，有了改过修正的决心，便是回头的浪子、弃刀的屠夫。

第六天开示

发菩提心（晨坐）

　　禅修者无不希望早日开悟，开悟即有智慧，得智慧便能从烦恼得解脱，摆下自我执着之时就会开悟。摆下贪、瞋、痴、慢、疑等烦恼心时，便是舍我执而见佛性。空去烦恼的我执，便能明心见性。去我执的初步，必须发菩提心，菩提心即是佛心，佛心的内容有两部分：1.智慧断烦恼，2.慈悲度众生。禅修者若仅求智慧，不管慈悲，乃是小乘行，必须悲智双修，始为佛道。禅者悟后固然利益众生，悟前也要发愿利生，始能真的明白心中的佛心，见自心中的佛性，度自心中的众生。

　　发菩提心是希望得"阿耨多罗三藐三菩提"的无上正等正觉心。如何能得无上的菩提果位？先要有成佛的因行，那就是要行菩萨道。菩萨道的考虑是只为利益众生，不为利益自己。把自私的我，变成慈悲的我，才与无我无私的解脱慧相应。

　　历史上的释迦牟尼佛之所以能成佛，乃是看到众生都有生、老、病、死的苦难，弱肉强食的可怜。为了寻求解救苦难的方法，他便出家学道、修道，而成道。这就是先有慈悲再有智慧的例子。

我们的禅七中，每天至少念四次一共四句的〈四弘誓愿〉文。第一句"众生无边誓愿度"，第四句"佛道无上誓愿成"。这表示度众生是第一件事，成佛是最后的事。

诸位禅者若想开悟，禅修的打坐工夫，当然要紧，发菩提心则更要紧。如果不发菩提心，纵然坐破一百打蒲团，也等于守株待兔，不得亲见未出娘胎前的本来面目。

谁能开悟（早斋）

禅宗的明心见性、顿悟成佛、不立文字、直指人心，相当令人向往，也常被人误会。许多人仅看了几则禅宗公案，读了若干祖师语录，便设想着开悟见性，人人有分。其实，一切众生本具佛性，一切众生均有成佛的可能，固是大乘佛法的通说，而真能达成顿悟成佛的目的者，禅宗史上尚不多见，开悟弟子最多的马祖道一禅师，门下也只一百三十九位成为能坐道场的入室弟子。

在中国禅宗史书上有记录的, 开悟者是可以数得出来的, 修行禅法的人数则是无法计算的。故在正确的禅修观念, 开悟当然重要, 就是不能开悟, 也能得大利益。

一般人误认为禅的修行, 一定要开悟才有利益, 故在未开悟时, 躲入山林潜修, 要求他人成就; 等他开悟以后, 才来普度众生。有了这样的误解, 便使得禅修者变成了自私鬼。正因为自私心重, 更不容易开悟, 也就不愿来做弘法利生的工作。像这样的禅修者, 不仅是佛教法门的累赘, 也是人间社会的负担。中国佛教的衰微, 原因很多, 禅者的自私, 不能不说也是主要的原因。

多久开悟 (午斋)

开悟没有一定的时间表。同样是一个人, 有的一个小时可以做出常人两天的工作; 也有人在两天之中做不了能干者一个小时的工作。有的人一句话可以救千万人, 但也有的人, 一辈子救不来一个人。所以无法用时间来计算修行的旅程, 要看修行过程中的勤惰情况和业障的多少等因素来决定。

业障何在

业障是什么呢？

（一）是我们从无始以来，将无量生中所造的种种业缘，带到了现在，使得自己无法自在，故名业障。它是跟着我们的现前一念心跑的，一个接一个的心念连续，业障也如影随形般地跟着来了。我们的果报身体到哪里，业障就跟到哪里。

（二）业障是在这一生当中，心理和身体的行为，所构成的事实，障碍我们修行佛法。很多人希望修行佛法，可是身不由己，心不由己，环境的因缘也不许可。

（三）业障跟人的年龄、身分、贫富、性别，多少有点关系，但却未必定有关联。有人出家始能修行禅法，有人做官也能修得不错。

障碍不在心外的环境，乃是出于各自的内心，外在环境的障碍虽然不好，内在的心障才更严重。如果有了惭愧心，到处可做大修行；如果发了菩提心，时时好修菩萨道。

日间禅堂开示

默照禅

有人使用"只管打坐"的方法，但是对此方法不了解、不会用，就会变成"冷水泡石头"，或者是躲在黑山鬼窟里做无事梦。

这似乌龟在古井中被埋了几百年，甚至几千年，没有吃喝，动弹不得，一旦被挖出土来，依旧活着，只不过龟还是龟，并没有因为埋了千年而化成凤凰。可知被埋的龟，并未修行，"只管打坐"也不是"没有事做"。初用此法，是专注于坐禅的身姿，然后专注于坐禅的心态，心中并非无事，而是如药山惟俨所说："思量个不思量底。"

"默照"禅的用功方法，正如宏智正觉的〈默照铭〉说："默默忘言，昭昭现前"，"默唯至言，照唯普应"，"照中失默，便见侵凌"，"默中失照，浑成剩法"。其实默照的功用，就同《六祖坛经》中所说"即慧之时定在慧，即定之时慧在定"。默是定，照是慧。定慧不二，便是默照。

经典中有"如龟藏六"的比喻，那是"都摄六根"

的意思，并不是无所用心。因为经云："妄认四大为自身相，六尘缘影为自心相。"内六根缘外六尘，生六识的妄想心，如果把六根从六尘收摄回来，妄心也就无缘可攀了。此正是禅修用的好方法。但也并不等于废除六根的作用，譬如说，眼看美色，不起贪心，见恶色不起瞋心，诸根对境而不起妄念。不因为六根和六尘相接触而起执着、分别、烦恼。这便是默照工夫用于日常生活中的情况。

"默"是不受影响，"照"是清楚了知。绝对不是不用六根、无所用心。

疑情

疑情不是怀疑，乃是确信某一问题，是跟自己性命相关的，是对自己有大用大益的，只是不知道其原因何在？其内容如何？所以抱住不放，一直参问下去："那是什么？我立即要知道，我一定要知道，我不能不知道，那究竟是什么？"这便是疑情。

假如参的是"无"字公案而问"什么是无"，便可用个比喻来解释"疑情"的意思：好像拿到一个坚固无比的铁球，它没有开口处，你根本不知从哪里开启。人家说这里边有一个"无"，它对任何人都极重要，谁能打开它，谁就能得终身的平安，永恒的富贵，绝对的自在，一切的方便，随心所欲，享受不尽。相反地，如果得不到它，就将大祸临头，死路一条。你还能不想急着把这装着"无"的铁球设法打开吗？因你无人可以请教，如何打开这个铁球，只得不断地追问："无是什么？""如何打开铁球？""什么是那球内的无呢？"明知铁球是打不开的，明知也没有"无"那样东西，但它对自己确有大用，所以要抱住这个"无"字，夜以继日，想到就问，不断地问，这便是疑情。

有一天，你在突然间，发觉这个铁球本身，就是毫无意味的一个"无"，打开与不打开，都是一样，疑情消失时，你也开悟了。

这里有个问题：如果开头就晓得，反正是无，丢掉算了。因为不起疑情，那就不能开悟，由此可知，疑情的功能，在于促成开悟契机。

一句话头参到底

古来的祖师教人抱住一个本参话头，终身参究，悟前参它，悟后参它。时时提起，参问再参问，一直参下去。终其一生，不改本参话头，可以参脱烦恼网，也能参破生死关；一句话头平安无事，一句话头纤尘不染。随时随处都能提起话头，照顾话头，故又名为"看话头"。

究问话头称作参话头，而信口重复是念话头，参话头者多半带有疑情，念话头者可能附着妄想。抱定一句话头戮力参究，必有拨云见日之效；专念一句话头日复一日，也有静心摄心之功。会用功者，当是参话头不是念话头。唯有参究能生起疑情，禅修者的经验，有"大疑大悟，小疑小悟，不疑不悟"之说，所以最好不要将参话头的工夫用成念话头去。

（于一九九二年十一月二十八日至十二月四日主七开示，李友琴居士整理）

东初禅寺第五十九期禅七

第一天开示

禅修的观念与方法（晨坐）

修行有两大要点：一是"观念"，二是"方法"。若能清楚掌握，修行必能得力。故请依照师父的开示，纠正自己的观念，练习自己的方法。

（一）首先解释修行的观念，有三要则：放下自己、放下目的、放下过去与未来。所谓自己，是指自我的身心；所谓目的，是指禅修的利益；所谓过去未来，是指回顾及推想。这三个项目是构成自我中心、自我价值的要素，也正是给自我带来烦恼与束缚的祸根，若不能放下，便无以获得禅修的最大成果开悟的经验。至少学着暂时放下，才能够体验到若干禅修的利益。

（二）其次说明修行的方法，也有两大要则：

第一是重心在下。身体的重心，当在腰部以下。如果以头部为重心，会招致头脑胀痛及发热的障碍；如果以胸部为重心，会引起胸闷胃塞的反应；若将重量感置于臀部与坐垫之间，便没有任何副作用产生了。

第二是身心放松。先练习把身体的肌肉及神经放松，然后将头脑及心情放松。所谓身体放松，是把通身的每一个细胞都放轻松，由脸部、眼球、肩、臀、手、小腹、腿、脚，凡是能用意志指挥的每一寸神经所到之处，都让它们放松。至于头脑与心情放松，是指没有焦虑、急躁、烦乱、困惑、恐慌、疑惧等，若能放下一切不安的心绪，专念于禅修的方法，自然就会轻松。先练肌肉放松，神经自然放松，头脑与心情也会跟着放松。最重要的是小腹一定要放松，否则在打坐时，会发生胸闷、胃胀、头晕、气塞等的反应，因而无法持久用功。

修行要则（早斋）

修行要则有二：1.在观念上是奉献，2.在方法上是修正。观念与方法应相互配合运用。

"奉献"，是将自己的身心奉献给修行生活。以奉献的观念来修行，就是不自私。若以自私的心态来修行，不仅会伤害他人，也为自己徒增许多烦恼。以自私的观念来修行，无论如何追求，只能以烦恼做为结果。禅的修行，舍去自私自利，才能涤除烦恼。

"修正"，是用禅修方法，对身、口、意三种行为，做全面的规范匡正。平时当以五戒及八正道来修正身、口、意三种行为，在禅七期中，以打坐、经行、礼拜、作务等导正身业，以禁语、做课诵等修正口业，以数息、念佛、参话头等修正意业。

此三业之中，意业最细，也最难修正，先用正知见，再用正念、正定、正精进，来做修正。日复一日，时时检点，念念觉照，念头起处，念头灭处，正或不正，均当知道，若起时疏忽，灭后亦当警觉，刚才想的什么？如此持之以恒，便能经常保持正念分明了。

守心之法很多，若在平常生活中，应当练习：身在哪儿心亦在哪儿，手在做什么心亦知道在做什么，口在说什么心亦知道在说什么。身、口、意三业不相离，正是禅修的要领。

团体共修

禅修的方式可分为个人及团体的两种。

个人禅修的优点在于非常自由，可依照个人当时的身心情况和需要，而做适量地调整安排。缺点是对于不具自修能力和自制心力的人，容易失去规律的约束。

团体共修，也可有两种：有老师指导，没有老师指导。他们的共同点是均需有团体修行的规则。老师的作用有三：1. 依据佛法的正知正见及其本人的禅修经验，主动地给禅众们做适当的个别指导及纠正；2. 被动地接受个别的禅众请求处理问题，并协助他们解决困难；3. 对禅众们集体开示禅修的观念及方法。是为协助全体修行人，解决共同的问题。通常正在修行的时候，修行者可能察觉自己的问题，但多数是不自知的，故需透过老师的开示，来发现自己的问题而改正之。此乃禅七期间内，需要开示的目的。

由于每一次参加共修的人员不会相同，每一位禅修者的身心情况亦常不同，故开示的内容也不能相同，若每次禅七，老师所开示的内容相同，对修行者虽仍有帮助，但此种指导，类似录像带或书面文章，毕竟不够灵活，无法给当时现场个别的问题，对症下药。

第二天开示

身体的重心（晨坐）

禅修者于站立时，宜将双手交叠，左掌在下，右掌在上，置于小腹丹田的位置，此能使心念集中、安定，并使身体的重心感，自然而然地随着双手的位置，落实于丹田。不仅在佛殿及禅堂，平时听人讲话或与人交谈，均可如此；此能使你心不散乱，气不浮动。

禅修者身体的重心，不可在头上，当视情况而分置在腰部以下的三个部位。站立时，重心感宜在小腹，或在两脚脚掌。打坐时，若觉得心气浮动，宜把重心感置于臀部与垫子之间。若觉得头胀与胸塞，则宜置重心感于双脚脚掌的涌泉穴。

请注意：一定要放松重心感位置的肌肉。

禅修的"信心"（午斋）

对于禅修多年的人而言，不会有信心的问题，否则不会持续多年的习禅打坐。但对于刚接触禅修或第一次参加禅七的人而言，对佛法、对自己、对师父，都可能缺乏深厚的信心。

禅修者必须相信所用的观念及方法，是最实际、正确、人人能用，并且该用，而绝对有用的佛法，如果也确定指导你禅修的师父，在其本身的背景方面相当可信可靠，你就可以具备对于禅修的信心，根据师父所讲的原则与方法，努力用功，可获得禅修的利益了。

信心可有四个层次：1.迷信，乃是不知所以的盲目崇拜。2.仰信，知其可用有用却又高不可及。3.解信，从理论逻辑上，能够令你接受。4.证信，依据理论及方法，通过实际的练习，所得的经验。

禅修，亦如训练各种技艺，必须通过无数次的磨炼，始能马到功成。若能抱有"不怕失败"及"勇往直前"的心理准备，自然就会建立起坚固的信心。

第三天开示

念念生灭（晨坐）

禅修者使用方法修行时，大略可分三个层次：1.是杂念很多，而竟不知有念头起灭，此时尚没有用心在方法上；2.是知道念头起灭，此时已在用方法；3.是真的不见念头生灭，此时的方法用得很好。

练习方法，当然是希望达到第三个层次，但其机率毕竟不多。若在妄念生起时，不必讨厌它，只要立即回到方法上就好，所谓"念念生灭"，既然产生了，自然会消灭。对产生后又消灭了的妄念，亦毋须在乎。重新开始，才最重要。

所谓重新开始，是指每次从发觉妄念后又回到方法上；因为刚才的妄念已灭，现在的妄念未生，正是一个重新开始的机会。所以每一个"现在"，都是一个新开始。好像登山者正在通过峻险的悬崖峭壁，不得瞻前顾后，否则，便会于现在造成脚底失控的结果。一旦失脚落空，只要手上还握有已钉妥的绳索，马上沿索再回到落脚之处，继续向上攀登。步步为营，步步都是一个重新开始。

每一个念头的起灭，就是一个进步的历程；每一个新的开始，就是一段成功的过程。初用功时，念头常会离开方法，渐渐地到了善用方法时，便会觉得念念生灭，却未离方法，第一个念头在方法上，第二、第三乃至一千个念头仍在相同的方法上。如此持续不断，便称为"工夫绵密"。若到没有念头，只有方法，甚至连方法都没有了，便是进入了"工夫融豁"的层次。

无常是新生 (早斋)

"无常"是指世间现象，都在不断地生生灭灭。若能懂得一切现象都是无常，便能对未来充满信心，对世间充满希望；对美好的抱持感谢，对不好的感到乐观。因此，禅宗的云门禅师要说"日日是好日"，没有任何时间令人失望，也没有任何努力永远失败，自然天天都是大好的日子了。

若能细心体验，不仅日日是好日，而且念念都是好念头，虽然并非念念清净，甚至许多念头都是不很好，只要知道，马上回到方法，便是一个新的开始。是故，每当发现一个不好的念头，立即会有一个新的开始，内心自然欢喜，在此身心轻松的状态下，便会感到时间过得很快。此种观念，亦可运用于日常生活，每遇到不好的情况，不会马上引起烦恼，并对自己的未来抱有坚定的信心。相信自己的将来，一定会比现在好。

可见，若能善用"无常"的观念，便能生活在念念新生、时时平安、精进不懈的喜悦中。

第四天开示

放下"自我" （晨坐）

所谓"自我"，可大可小，包括个人自私的小我，亦包括全体、整体、所谓真理及上帝的大我。以禅修者的立场，这些都应放下。然在理论上的了解比较容易，若要亲自体验相当地难，因此才需要用种种方法，试举二项：

（一）呼吸观：此法可使我们了解，自我的生活只存在于呼吸之间。自我的执着，则是存在于一个接一个念头的连贯。当呼吸停止，生命就结束；当念头消失，执着即无依。由数息之中体验到，自我的存在，乃是一种妄境。

然而，当呼吸停止、生命结束之时，是否即等于无我的解脱境界现前？不，只要自我中心的执着还在，虽入四无色定，"自我"还会存在。

反之，若生命存在，而没有执着，那就是无我，就是解脱。所以要借这个生命来修行，借着修行各种方法，来发现自己的生命是假的，才能体验到"我"是不存在的。

（二）惭愧与忏悔：骄慢、自卑、猜忌、嫉妒、瞋恨、怨怼等，也都是自我。此种自我的习性，除了用各种禅观的方法来化解，尚得用惭愧或忏悔等的方法来辅助。禅修者若不兼修惭愧及忏悔，易落于得少为足的自大，或久修不成的自卑，起惭愧心则会精进道业，修忏悔行则会勤苦献身，以此二法，便能起修六波罗蜜，发为布施、持戒、礼拜、供养、持诵、习定等种种行。

用来放下自我的修行方法很多，正所谓八万四千法门，门门通向涅槃大城。禅宗所用则以数息等观行为基础，惭愧与忏悔为辅助，发菩提心为动力，参究话头及默照等法为金钥。

供养（早斋）

临斋时，念的〈供养偈〉："供养佛，供养法，供养僧，供养一切众生。"可说是修行禅法的灵魂，亦可说是大乘佛法的心要。供养佛、法、僧三宝，是为感恩；供养众生，是为报恩。平常供养三宝，亦同时为了广度众生。三宝接受供养之后，即可以此力量去帮助更多的人。这便是将自我的所有，转变成为一切众生共享的利益。然后再把自己所供养的功德回向给三宝及众生，所剩的便只有无我的智慧及平等的慈悲了。简言之：我们先以物品供养，再将功德回向，即是淡化自我，消融自我的灵药良方。

诸位来此缴费打禅七，不是用来买师父的时间、租场地、购饭菜的，那是净财，是供养三宝的捐款，是做的功德；我也借着这样的因缘，感恩报恩，以奉献给诸位，来报三宝之恩。同时感谢你们的来到，为我提供了供养及奉献的机会。

结斋时，念的四句偈是："饭食已讫，当愿众生，所作皆办，具诸佛法。"意为：当我吃完饭时，祝愿一切众生，也都修行供养，具足一切佛法，将来必定成佛。祈愿众生成佛，表示不为自我私利。所以，禅修者，着手修行之初，便要训练自己：先从有求而升为无求，再从无求而广修供养。

第五天开示

时间不短（晨坐）

禅七已接近尾声，这是第五天了。后天早上，就要圆满，时间过得好快！不过对禅修者而言，时间是可长可短的。你若很会用功，虽仅一分钟，甚至一个念头，便能倒转乾坤，天崩地碎，顷见万里无云，一尘不染，《楞严经》称之为"狂心顿歇"。禅宗称之为"明心见性"。如果不会用功，汲汲营营，纵至驴年，也别想摸到鼻孔。

杂毒不入

《博山参禅警语》里讲的"杂毒入心"，可称之为妄念干扰。对此可有三个层次：1.当在用方法时，便无杂毒入心，妄念被方法所驱，暂不现形。2.由参禅而悟境现前，杂毒中断，妄念不起。3.大悟彻底，从此狂乱心歇，杂毒再也不会干扰此心。

方法是命根

禅修的方法，是禅修者的命根，离开方法，就有丧失生命的危险。所以古来的祖师们，教人要终身抱住一句本参话头，庶可安全保命。应当想象自己是失落入海中的人，抓到一只救生浮圈，哪里还敢把它放掉。不过，当时间一久，倦怠心生，虽非故意，却是无奈，此时禅修者必须奋起大毅力、大决心、大信心，重新抓回救命的方法，才能救你一命。

当你丢掉了方法时，要生大惭愧，痛彻忏悔，发大悲愿，便能增强意志，驱除昏沉散乱，一心练习方法。

初发心 （早斋）

最初发起"无上菩提心"，称为"初发心"，又名"初发意"及"新发意"。也就是初闻正知正见的佛法，向往佛道的伟大崇高，故也发起成佛的大愿，在心中初发菩提嫩苗，开始迈向成佛之道。虽仅是一个起点，确是成佛的动力所在。

晋译《华严经》卷五十九云："菩提心者，则为一切诸佛种子，能生一切诸佛法故。"

《大智度论》卷四十一云："菩萨初发心，缘无上道，我当作佛，是名菩提心。"卷九十三云："为初发心者，说诸法有；为久学人着善法者，说诸法空无所有。"

《菩萨地持经》卷一〈发菩提心品〉，对于初发心的说明，甚为详细："菩萨初发心，是一切正愿始。""菩萨发心，而作是言：我当求无上菩提，安立一切众生，令究竟无余涅槃及如来大智。""初发心菩萨名为度，大乘菩提诸菩萨数。""发是心已，渐得阿耨多罗三藐三菩提，是故初发心是菩提根本，发是心已，见诸众生受无量苦，而起悲心，欲度脱之，是故初发心是大悲所依。""初发心坚固，有二门善法所入：一者自利方便，发菩提心；二者他利方便，灭除众苦。"

诸位善知识，来此参加禅七，当知禅堂所在，名为"选佛场"，一进禅堂，即被入选，预诸佛位，不仅明心见性，必当顿悟成佛。可是，若不先发菩提心，便无成佛之望，如无因而有果，乃不可能事。

禅宗的修证，目的即在悟入诸佛智海，开展广大慈悲，是故诸善知识，必须发起菩提心来。最初发心，最珍最贵。持之以恒，必定成佛。故当发现自己有懈怠、放逸、退惰、贪瞋等烦恼起时，于身于口，现恶行时，立即回到初发心点，重新做起。

时时不忘初发心，念念住于初发心，处处保护初发心，便能不离修道依准，并能日进又进，永不退心。有一位禅者，每次来参加禅七，圆满时，都会说："我又重新开始了"、"这一次总算真的开始了"、"从现在起我走上菩提道的起点了"。粗听起来，此人似乎老是在原地踏步。事实上，这就是初发心菩萨应有的体验，经常发觉自己是在新发意阶段，便是正在进步中的凡夫呀！不离本参而日新又新。

马上风光·雾团及疑团 （午斋）

有人问我：数息数到不知道自己是不是在呼吸，数目也没有了，突然发觉又有呼吸时，已过了十数分钟乃至数十分钟，这是不是入定？是否还是正在方法上？或已离开了方法？又有人参话头，用了全部身心，甚至用了全宇宙，投入话头之中，结果觉得好像处身于雾团里面，这能算是疑团吗？

这两种情形，均可能是好的，亦可能有问题。

（一）以数息而言：呼吸很慢，甚至念头已经非常单纯之时，很清楚已没有念头，当然已无法找出数目来数。此种情形，是你正在方法上，正如你骑在一匹马上奔驰，如果你骑术熟练，又是骑的一匹好马，便会使你浑然忘我，人马合一，你忘了马，马也忘了你，这当然是好情况。我曾提过，修行方法之要点在于"观、照、提"。此时，"照"的力量非常强，你已不需"观"及"提"，因其三者，已在同时进行了。

但也可能是懒散、偷安或者氧气不足，也可能是体力不济，以致数息时，数着、数着就后继无力了。此时头脑内并没有感觉到妄念，呼吸也很微弱，无法计数，头脑则似一片茫然的灰白，或如处于浓雾之中，这不是入定，而是昏暗；虽未深眠，却在浅睡，当然不是在用功。

不过，不必管它是好是坏，发觉之时，立即回到你用的方法上，此时，你又可以数息了。当你从懒散昏暗的情况醒来后，应赶快轻轻地活动几下你的眼睛、头颈、双肩，甚至再做三次深呼吸，就可以抖擞精神，重新数息了。

（二）就参话头的问题来说：雾团和疑团有别，雾团，是茫然不知所以、不知所在，也不知所做的对或不对，只觉得有东西蒙蔽住了自己的心眼，不知何去何从。至于疑团，不是怀疑，而是很清楚地知道自己在问一个极严肃、极重大的问题，希望得到答案，却又像是碰到了银山铁壁，无人回应，无下手处，但你确信，答案就在所参究的话头之中，此时你的全部身心，乃至全宇宙都已被你投入你所参究的话头之中，已无身心世界的内外主客之分，这就称为疑团。疑团粉碎，便是悟境现前；疑团消失，乃是工夫不继。这种情况，适合精进禅修的时段使用，常人的生活环境，则不宜也。

若是另一种状况，参话头时，感觉到自己的头脑或心，如同一只苍蝇被浆糊糊住了头，像是苍蝇落入浆糊缸里，它的双眼都被浆糊蒙住了，而不知道自己在做什么？只是感到一片糊涂，此时，并不在用功，而是昏沉与幻觉混合在一起，变成一团雾。当你觉察之时，赶快按摩颈部以及两眼肌肉，做柔软的运动，睁大了眼睛看个清楚，又可以把方法提起来了。

第六天开示

最精彩的一天 （晨坐）

禅七到明天上午就要结束，所以今天在禅七中是最精彩、最扎实、最有味道的一天。因为经过前面数天的努力，你们对禅修的观念与方法均已清楚，身心亦已能够适应。

在禅七中，如已发现自己有昏沉、散乱、妄想、执着、自私、愚蠢等问题，这便是已知惭愧，这便是修行的成果。因你已比不能自觉的人好得多了，至少你已变得更诚实，而且已有能力面对自己了。

时间只剩一天，必须非常地珍惜。若能好好用功，每一秒钟贵于黄金钻石，否则，瞬息即过，纵有百年，尤贱于粪土。

我在禅七期间的开示，听得多少算多少，能用多少算多少。总结来说，大约有如下数点：放松身心、认定方法、不计成败；以过程为目标，以放下为收获；用惭愧的镜子，反照自己，以忏悔的净水，洗涤自己；以菩提心的力量关怀众生，以精进心的力量成就自己；为了自求成佛，必先利益众生。故要悲智双运，才是禅者的本色。

认识自己（早斋）

一次禅七的结束，又是另一个新的开始。

在打禅七的修行过程中，如倒吃甘蔗，愈来愈熟悉、愈来愈顺利。七天之后，告一段落，若再有七天，最好也要休息一下。若是长期修行，如三个月、半年、一年、三年，则毋须每七天休息一下，对于无法长期修行的人，七天一期，最为恰当。

禅七的修行，虽能使人开悟，但也未必能使几人开悟，却对人人都很有用。是在修正我们身、口、意的三种行为。发现缺失、改善缺失，从外在形象及仪表的修正，到内在性格和心态的陶冶，帮助我们了解自己、转变自己，便是禅七的有用之处。在最后一天当中，纵然还是用不上禅定工夫，多检查、多觉察、多肯定一点自己的身心行为，也是非常有用。

炼心（午斋）

"说法不在于嘴，禅修不在于腿。"这是佛教的丛林寺院中，人人都知的道理。然在前来参加禅七的人，如果不能盘腿，倒也相当麻烦。

禅七将过六天，诸位善知识的双腿，大概已能适应坐禅的姿势了。其实，禅修的目的，炼心重于练腿。

因在生活中的情况，是以心为主宰，内心混乱，也会影响到环境混乱；内心不安宁，则感受到被环境干扰。相反地，便如《维摩经》说，自心清净，则众生清净、国土清净。平常人只希望如自己所希望的那样去改善环境，由于每一个人所期待的环境均不相同，所以无论环境如何改善，还是无法满足每一个人的心。因此，改善环境固有必要，改善每一个人的自心则更需要。先将烦恼的妄想改善成为与佛心相应的智慧与慈悲，转而影响环境，才是标本兼治的好办法。

同样的事，发生在两个人身上，其反应就可能截然不同：第一个人可能会暴跳如雷、大发脾气、无法忍受；第二个人则可能见怪不怪，觉得平常无事。修行禅法的人，应该要学第二个人，虽然很清楚发生了什么事，知道如何处理就好，不必心随境转，不用气浮意动；面对事实，能做的尽量把它做好，做不好的以后再说，何必烦恼。禅修的好处，当在日常生活之中得力，祝福诸善知识，万事如意，身心平安。

（于一九九二年十二月二十六日至十二月三十一日主七开示，刘德如居士整理）

禅修疑难解

一

问： 古德云："有时且念十方佛，无事闲观一片心。"有时心中一片空灵，连一句佛号的念头也提不起来，是否即保任空灵状态？这里指念十方佛，是否有取代杂念的意思？

答： 我不清楚居士所引古德句的出处，不敢臆断。至于用功到达空灵状态，尚能念佛名号，乃是不可能的事。应否守住空灵状态，当有两说：一者系心不动，任其继续沉淀澄清，以致于不见一物，虚空沉寂，自亦不觉处于空灵状态，是为正途；否则，若滞于空灵——例如"光音澄湛，空旷无涯"的觉受之中，尚未真入深定，仅胜于轻安境界。

第二种方法，即是用参话头的工夫，打破空灵状态。若由念佛名号而至空灵状态，当下提起"念佛是谁？"的话头，以此时心念专注，易发疑情，促成疑团，是为禅法的活路；否则，耽滞于空灵，而误以为保任，那就浪费时间，误了前程。

念佛法门，在四祖道信，即曾引用《文殊说般若经》的专念一佛名号的一行三昧，非关净土，目的乃在由定发慧。散心时念佛名号，实乃无上妙法，念至无佛可念，可能出现空灵，亦未必出现空灵。

二

问：小乘的四念处、大乘的禅及密教的大手印，皆论及观心法门，不知有何不同？得以截长补短、相辅相成否？

答：四念处是三十七菩提分法的一科，虽云小乘观法，然于《大智度论》卷十九也有介绍，是观身、受、心、法的不净、苦、无常、无我，而破凡夫的我执我见，乃是通用于大、小乘的基础佛法。所以近世日本禅宗的龙泽寺派，教授初学禅众时也用数息法，我本人亦常以数息法教人，偶尔教人不净观，此乃四念处观的流类或基础，观行摄心，散心已摄，则继之以大乘禅法。

禅法可分作两类：一是六祖惠能及早期禅宗祖师们所揭示的"直指"，不用任何观法，顿断烦恼，顿悟自性，那便是不立文字，教外别传，无可依附，不假修行，自然天成的。类似的利根机人，究竟不太普遍，故有第二类的参话头、参公案。话头与公案，是用来堵塞偷心和妄情的，有人终身抱定一句话头，参问下去，犹如念佛法门之抱定一句佛号，一直念下去，此即适合于一切根机的观行法。

再说大手印，是某派密教的观法，它跟"顿悟"、"直指"的禅法不同，大约类似前举，由空灵状态，而进入虚空沉寂的境地，禅门曹洞宗的默照禅，可能与此相近。

居士所说"截长补短、相辅相成"，粗见则不然。修行贵在一门深入，所举诸法门，固有其共通处，然皆有其特胜处。修行过程中，最好顺从师教，抱持一门，勿作调人，否则可能会成为顾此失彼而两头落空。《楞严经》列举二十五位大菩萨，个个专精一门，最后始臻门门圆通，不是初学之时，即能尝试相辅相成的。

三

问：四年前某天早上上班，突然身心内外一片空，实则连空的感觉也没有。从停车库到办公室的电梯口，原来要走五分钟，似乎一秒钟就到了。虽然五官功能照常，但丝毫不觉知。到电梯口才"醒"过来，其实，在那失去知觉时才正是醒，这到底是何现象？

答：这种经验，通常发生在努力修行某一方法或沉潜于某一观念的思考之后，其他宗教徒的身上也可能发生。当此种经验发生以后，会有身心舒畅、如释重负的感觉，观察任何事物，均较平常清楚明朗，但却不宜也无法立即做需要思考、计划的工作。此乃处于一度专心的状态之后，突然失去了心所依托的观象，程度浅的，会感到恐慌，程度深的，便有如置身心、世界及环境于另一度空间之外的感受，仁者得此经验，实是可嘉。

四

问：大约四年前开始，偶尔感到有气胀胀地从左脚心，经背脊，到达眉心，后来则经常发生，偶尔头顶中央，亦会感到胀胀地。上午七、八点左右，中午十二点至一点左右，下午五、六点左右，感受较强，工作劳累或疲倦时，感受也强，不知是何现象？

答：左脚心是肺、胃、左肾、心、十二指肠、胰、脾等内脏的反射区，跟脊椎都有关联。从睾丸与肛门之间的会阴向后，经背脊、头顶的百会，至人中，是督脉；从会阴经腹部、胸部，至下巴，是任脉。道家练气行脉，要将任督二脉前后打通，称为小周天。仁者尚未打通二脉，故气动时，有胀胀现象。随着各人体质及劳逸等健康状况的不同，故有时段现象的症状。此在禅宗，一向采取不予理会的方式，否则，便成吐纳导引的道术而非禅法了。其治疗方法有三：1.不予理会，2.将注意力集中于脚心，3.用参话头来转移注意。

五

问：大约也在四年前开始，在静坐时偶有举阳现象及性交快感，导致性欲冲动，出精外漏数次，事后身心均感不适，最近则极少有此现象。如何才能突破男女关？将来结婚后，为了修行，是否以"有名无实"较妥当？

答：依据生理现象，性冲动或性反应的原因，大别有二：1.是新陈代谢正常，精力充沛，血气旺盛，自然发生性的冲动以及寻求性的发泄，乃至所谓精满自溢，偶有梦遗现象，亦无损健康。2.是身体虚弱，肾水不足，肝火旺盛，脉动精摇，心气浮躁，亦会产生亢阳的性冲动而梦遗、滑精；虽也有举阳现象，唯其举而无力，精液外泄，势将愈漏愈衰，必须治疗。

静坐的初步功能，在于调理生理机能，使弱者强而衰者健。当一个人的气脉运行比较通畅时，内分泌腺自然活泼，当气行至生殖系统而不及时向任督二脉乃至全身疏散，稍久即会引起性欲亢奋的现象，举阳、快感，逼着要求射精。此时如果放弃静坐而去求助于太太，或以手淫，使精液外漏，都是最伤元气的事。

习定之人，必须宝爱精气，故在静坐放腿之后，亦不得立即如厕，最好先做柔软运动，使精气疏至全身；否则，精气随着便溺外泄，对健康无益。

如果坐中性欲冲动，宜起坐礼拜、经行，若以冷水毛巾敷小腹，最为快速，唯体弱者不宜用。如果气脉已经畅通无滞，便不会由于气聚生殖系统而致引发性欲冲动的现象了。如能专精于方法，不顾生理反应，气脉极易通畅，而得轻安境界。别说获致定乐，即使轻安之乐，亦较性交快感，快乐十倍；故在定功得力之人，不易贪爱男女色，亦不易有性冲动。

定境至初禅以上，称为色界，已无欲念，更无欲事。不过，凡有身在，如果不在定中，纵然已无欲念欲事，纵然已经心得解脱，仍可能有举阳泄漏的性征，此在部派佛教的初期，即有为了罗汉应不应该尚有夜眠遗精的问题而起过诤论。

至于如何突破男女关？对于出家人，尚不容易做到，何况在家居士。出家人以戒防身，以定制心，故较在家为易。在家之身，能不邪淫即好，夫妇仍以正常随俗为宜。今日社会的居士生活，也不允许有离群独居，专精于禅修的可能；若能保持五戒清净，并且订有禅修静坐及读经、礼诵的日课，以健康的身心，对家庭、社会、众生，尽其所能，即是菩萨道的行者。

六

问：实施观心法门后，杂念妄想不多，比较常能保持空念或无念状态。唯古德有云："起心动念是天魔，不起心动念是阴魔，道起不起时是烦恼魔。"有念与无念，似乎相违，究竟如何才好？大概只要不执着即可。又何谓天魔、阴魔、烦恼魔？

答：居士的保持空念、无念，并非荡有遣空的中道之空，是沉空滞寂的顽空，甚至可能尚在无所事事的无事壳中，所以不能彻见空性的法身而悟入佛之知见。

禅者用功，必须从念念一揝一掌血的切实感，而至念念不留痕迹的自在解脱，方为真工夫、真见地。有念有着是凡夫，无念无着是死尸，无念有着是定境，有念无着是自在境。着有念固不对，住空念也不对。永嘉玄觉主张："惺惺寂寂是，无记寂寂非，寂寂惺惺是，乱想惺惺非。"惺惺是不空，寂寂是无妄想。虽无妄想而仍清清楚楚，故非住于空念或无念。

居士所引古德句，我也不知出处。魔的分类有多种，如三魔、四魔、十魔。通常多称四魔：1.贪等烦恼，名烦恼魔，2.色、受、想、行、识的五阴，称为阴魔，3.死亡称为死魔，4.欲界第六天的天子，称为天魔。居士所引句，大概是说，天魔未入定，故起心动念；阴魔不修定，也不知起心动念为何事；烦恼魔则是由于分别起念和不起念而产生的。总之，乃在说明，不论起心动念或不起心动念，都不是禅修工夫，正如居士所言："只要不执着即可。"

我们必须明了，中国的禅修者，不主张修传统的次第禅观，也不主张入次第禅定，而在于当下直指，虽不能直指，亦当不以"住空守无"为修行。

七

问：经由观心，了解念头是因缘而生，是假非实；但虽知假，仍被念头所迷失，受其左右而不自觉，以致无法摄心归空，并进而造业受苦，是何道理？

答：观想法，只是工具，用佛说的观想法，理解佛说的因缘法，从理论上已能接受。此是由教育的功能所得的认知，不是由自己内心深处发现的亲证实悟。由教育所得的认知，当然也有用处，只是遇到心相活动的微细处、粗重烦恼的相应处，往往无法自主，也无能自觉，故称为障——业障、报障、烦恼障。要想做到念念分明、时时操之在我、刹那刹那都能做自己的主人，必须付出禅修工夫的时间和努力。纵然见性之后，仍得随时修持，始能称为保任。居士有公务在身，有家庭的责任，只要经常保持细水长流，必定也能日有进境，水到渠成的。

八

问：我已很能接受"无我"、"无常"及"一切唯心，万心唯识"的观点，但总觉得在内心深处，仍有一个模模糊糊、似有似无的"我"在，不论日常生活中的起心动念，或在修行之时，都有这个"我"在做主，究竟何故？如何才能真正"无我"？

答：由理解佛法而认知"无我"，并不等于亲证"无我"。我有一篇短文，题为〈从小我到无我〉（编案：收录在本书中），说明小我也是有用，若无小我，即无能够主宰生活方向的人，亦无能够发心修行的人。由修行而从各个分别的小我，可进而成为全体统一的大我，再从大我的彻底粉碎，即是到了大地落沉，虚空也无的境地，才是无我。此一无我，是无小我，也无大我，即是《金刚经》、《圆觉经》等所说的"无我相、无人相、无众生相、无寿者相"。《金刚经》又说：

"无法相，亦无非法相"，"若取法相，即着我、人、众生、寿者，何以故？若取非法相，即着我、人、众生、寿者"，"是故不应取法，不应取非法"。

执着有我，是我；执着无我，也是我。唯有用禅修的方法，如参话头，才能将妄情逼尽，使真正"无我"显现，届时便与三世诸佛同一鼻孔呼吸，也与一切众生同样地吃饭睡觉、屙屎撒尿。居士的情况，是因为尚在信解起行的阶段，未能实证，感觉有我，乃是正常的。

九

问：通常将起贪瞋之时，反观此心，便能不起，可知观心法门，亦颇殊胜。唯其遇到烦恼太强之时，虽然用心观照，也无法消除，此时辅以念佛法门，将注意力移至佛号，或许有用。如果观心与念佛，都无法消除强烈的烦恼之时，则应如何对治？

答：居士所用的"观心法门"，不知何处学得？从信中所见，虽有点像默照禅，大体上仍是静坐的层次，不同于次第禅观的修法，也不同于正宗禅修方法，所以仅能在风浪微小之时有用，尚无反制烦恼的功能，更无消灭烦恼的功能。

的确，高声唱佛号，最能转移烦恼，即使默念佛号，也较静坐有效。但是驱除强烈烦恼的方法，莫过五体投地的大礼拜，将心专注于礼拜时的每一个动作，久久即能遣除强烈烦恼于不知不觉中了。至于久修禅法的人，自不应有太强的烦恼生起，用一句话头来对治，便已足够了。

结论

读到居士来信，已五个月，由于事忙体弱，未能及时执笔作覆。居士认真禅修又能虚心发问，且系亲身体验的疑难，可见用心殷切，殊觉可贵。唯其禅修心境，因人而异，要求的标准，亦言人人殊，我只是从禅籍以及经教所见，加上自己的浅薄体验所得，做了如上的答复，以供参考。

（一九八七年六月四日写于美国纽约禅中心）

编案：本文系一位热心于禅修的居士，四、五年中，发生的若干疑难，

汇为九题，来信请教圣严法师，法师以可能还有其他人也曾

发生过类似的问题，故用书面公开答复，以飨有心于禅修的
读者。

禅修指引 1

禅的体验·禅的开示
Discourse on Experience in Chan

著者	圣严法师
出版	法鼓文化
总审订	释果毅
总监	释果贤
总编辑	陈重光
责任编辑	李金瑛、杨仁惠、李书仪
封面设计	谢佳颖
内页美编	小工
地址	台北市北投区公馆路186号5楼
电话	(02)2893-4646
传真	(02)2896-0731
网址	http://www.ddc.com.tw
E-mail	market@ddc.com.tw
读者服务专线	(02)2896-1600
简体版初版一刷	2020年12月
建议售价	新台币380元
邮拨账号	50013371
户名	财团法人法鼓山文教基金会—法鼓文化
北美经销处	纽约东初禅寺
	Chan Meditation Center (New York, USA)
	Tel: (718)592-6593 Fax: (718)592-0717

法鼓文化

国家图书馆出版品预行编目(CIP)资料

禅的体验·禅的开示 / 圣严法师著. -- 初版. --
台北市：法鼓文化, 2020.12
　　面；　　公分
　　简体字版
　　正体题名：禅的體驗·禅的開示
　　ISBN 978-957-598-871-5 (平装)

　　1.禅宗 2.佛教修持

226.65　　　　　　　　　　　　109014777